ARBEITSGEMEINSCHAFT FÜR FORSCHUNG
DES LANDES NORDRHEIN-WESTFALEN

GEISTESWISSENSCHAFTEN

133. SITZUNG
AM 21. JUNI 1967
IN DÜSSELDORF

ARBEITSGEMEINSCHAFT FÜR FORSCHUNG
DES LANDES NORDRHEIN-WESTFALEN

GEISTESWISSENSCHAFTEN

HEFT 143

WILHELM EBEL

Lübisches Recht im Ostseeraum

HERAUSGEGEBEN
IM AUFTRAGE DES MINISTERPRÄSIDENTEN HEINZ KÜHN
VON STAATSSEKRETÄR PROFESSOR Dr. h. c. Dr. E. h. LEO BRANDT

WILHELM EBEL

Lübisches Recht im Ostseeraum

WESTDEUTSCHER VERLAG · KÖLN UND OPLADEN

ISBN 978-3-663-01062-3 ISBN 978-3-663-02975-5 (eBook)
DOI 10.1007/978-3-663-02975-5

Gesamtherstellung: Westdeutscher Verlag ·

INHALT

Als seit dem 12. Jahrhundert die mittelalterliche deutsche Stadt klassischen Begriffs entstand, als die deutsche Landkarte von den Alpen bis nach Jütland sich in verhältnismäßig kurzer Zeit mit Hunderten solcher auf Handwerk und Handel gegründeter Bürgersiedlungen überzog – meist eine Tagereise voneinander entfernt –, als ein neuartiger, nicht auf Geburt, sondern auf den Beruf gegründeter Stand freier Leute, der Bürger, erwuchs, fügte sich ein neuer Rechtskreis zu den übrigen: das Stadtrecht. Bis dahin hatte im Bereich des weltlichen Rechts das aus agrarischen Lebensformen erwachsene und auf sie zugeschnittene Landrecht, nach Landschaften und Stämmen verschieden, die Szene beherrscht, daneben für bestimmte Besitzverhältnisse das Lehnrecht. Anders als das römische Recht, das ja schon in seinem Namen seine Herkunft aus der Stadt verrät, bleibt das deutsche – wie überhaupt das germanische und auch das slawische – Recht in seiner ganzen Geschichte landrechtlich bestimmt. Die Rechtskreise stehen nebeneinander, Bauer, Bürger, Edelmann leben weitgehend nach verschiedenem Recht, bis dann im 19. Jahrhundert die große rechtliche Gleichmacherei beginnt.

Grundlagen

Das Stadtrecht, in unübersehbarer Vielfalt, hat sich aus verschiedenen Bau-Elementen gefügt: die Grundlage, zumal für das Familien- und Erbrecht, das peinliche Strafrecht und auch den Prozeß lieferte das nach Landschaften wechselnde Landrecht, zu welchem auch das Gesetzesrecht der Landfrieden zu rechnen war –, das Markt- und Verkehrsrecht knüpfte an die Rechtsgewohnheiten des reisenden Kaufmanns an, die sich in einigen alten, schon vorklassischen Städten des Westens bereits lokalisiert hatten, so daß sie z. B. rheinauf- und -abwärts als Kölner Recht liefen –, für Verfassung und Verwaltung (einschließlich derjenigen der Gilden und Zünfte) bot jede ältere Stadt das Muster –, und wesentlich erscheinende Freiheiten der Bürger wurden in stadtherrlichen Privilegien garantiert. Seine eigentliche Fortbildung aber erhielt das Stadtrecht durch die Satzungsgewalt der Bürger selbst, die im Wege statutarischer Verwillkürung den Grundstoff nach ihren Bedürfnissen abwandelten und vermehrten, bis auch unbedeutende Städtchen manchmal gewaltige Statutenbücher besaßen, wo man auf dem Lande immer noch nach ungeschriebenen Gewohnheiten und Herkommen verfuhr.

Die mit solcher Lokalisierung verbundene Zersplitterung des Rechts war ungeheuer und gerade dem Stande wenig förderlich, der, anders als der zeitlebens dorfsässige Landbewohner, zu reisen pflegte, dem Kaufmann. Jede Handelsfahrt, ja die Marktfahrt in die Nachbarstadt bedeutete, neben den Fährnissen der Reise, die Begebung nicht nur unter eine andere, der eigenen vielleicht übelgesinnte Obrigkeit, sondern auch unter ein anderes Recht. Hier schuf freilich eine Erscheinung Erleichterung, die wir mit dem Begriff der Stadtrechtsfamilie kennzeichnen: Aus verschiedenen Gründen nahm man – Bürger sowohl wie Stadtherr – häufig die Rechte einer schon bestehenden Stadt zur Vorlage bei der Stadtrechtsbewidmung. Die so entstandenen Stadtrechtsfamilien boten jedenfalls eine materielle Rechtsgleichheit; in Altdeutschland waren sie natürlicherweise räumlich auf den Bereich der gemeinsamen landrechtlichen Grundlage begrenzt. Die bei weitem ausgedehnteste war hier die von Soest mit 65 Tochterstädten, dazu, wenn auch in sehr begrenztem Maße, mit Lübeck, dem eigentlichen Gegenstand unserer Betrachtung.

Auch die umfangreichsten Bewidmungsurkunden ließen viele Fragen unbeantwortet, die im Rechtsleben der Tochterstadt auftauchten. Anstatt sie aus eigenem bestem Wissen zu entscheiden oder eigene gewillkürte Statuten darüber zu machen, konnte man auch und pflegte man bei der Mutterrechtsstadt anzufragen, was in einem solchen Falle bei ihr Rechtens sei, um dann danach zu judizieren. Dieser Einholung einer Rechts*weisung* in noch schwebenden Prozessen trat bald der Rechts*zug* zur Seite, die Urteilsschelte bereits gesprochener Urteile an die Mutterrechtsstadt als Oberhof, als eine Art Appellationsinstanz also. Formale Verbindlichkeit für die zu Haupte gehende Stadt konnten die eingeholten Urteile freilich nicht beanspruchen, selbst wenn Mutter- und Tochterrechtsstadt im selben Territorium lagen; sie hatten nur die inhaltliche Autorität der weiseren Rechtsquelle.

In riesige Räume hinein wuchs dieses System einheitlicher Stadtrecht- und Rechtszugfamilien im deutschen Osten, dessen Besetzung mit deutschen Dörfern und Städten ebenfalls im 12. Jahrhundert beginnt, im 13. und 14. Jahrhundert gewaltig anschwillt und mit dem Schwarzen Tod der Jahre um 1350 schnell zum Erliegen kommt. Hier gab es keine stammes- und landschaftsrechtlichen Grenzen der Rechtsausbreitung; die bäuerlichen und die städtischen Siedler, Grundstoff der ostdeutschen Neustämme, der Pommern, Schlesier usw., kamen aus allen Gegenden Altdeutschlands. Es war ein wahrhaft geschichtlicher Zufall, daß just im Beginn des 13. Jahrhunderts das elbostfälische Landrecht der Gegend um Quedlinburg im Rechtsbuch des anhaltinischen Ministerialen Eike von Repgow eine gesetzesähnliche Darstellung von bezwingender Formulierung und Kraft erhielt, mit dem nicht ganz begründeten Anspruch, allgemeines Sachsenrecht zu bieten. Der Sachsenspiegel wurde das Rechtsbuch der ost- und norddeutschen Kolonisten, gleich welcher Herkunft, und gelangte über die Grenzen deutscher Besiedlung hinaus – also in einem Vorgang echter Rezeption – in ganz Polen, Wolhynien und der Ukraine zur Geltung für Jahrhunderte [1]. Ebenso weit wie das Landrecht wanderte auch das Sachsenspiegel-Weichbildrecht, in der Gestalt und unter dem Namen des Magdeburger Stadtrechts. In seinem Hauptbestande, dem Privatrecht, im wesentlichen mit dem Sachsenspiegel-Landrecht übereinstimmend, konnte es deshalb mit diesem in den großen schlesischen und polnischen Bearbeitungen des 15. und 16. Jahrhunderts einheitlich behandelt werden und wurde seine Sonderform, das Kulmer Recht, im Ordensland Preußen Stadt- und Dorfrecht zugleich. Der Schöffenstuhl zu Magdeburg, in „unsres Herrgotts Kanzlei", wurde zum Oberhof für Hunderte von Städten – in der Theorie bis weit nach Rußland hinein; nur mit vier Städten aber stieß Magdeburger Recht bis an die Ostsee vor: Magdeburger bzw. kulmisches Recht hatten Stettin, Königsberg, Danzig und Memel – die beiden letzteren Städte hatten es allerdings zuerst mit lübischem Recht versucht.

Stadtrechtstyp

Das Magdeburger Stadtrecht war zu berühren, weil es die Folie hergibt für das andere großräumige, länderweit verbreitete Stadtrecht der deutschen Ostkolonisation, das Recht der Kaiserlichen und Freien Reichsstadt Lübeck, der „Königin der Hanse", wie sie gern genannt wird, des Ausfuhrhafens für die Erzeugnisse Westeuropas nach Rußland und dem Norden, der Nachfolgerin von Haithabu und Schleswig, des Ausfalltores für die deutsche Besiedlung der Ostseeküste und für die Aufsegelung Livlands. Magdeburger Recht war das Recht der binnenländischen städtischen Kolonisation, gewiß auch für große Handelsstädte wie Leipzig, Breslau, Krakau, aber ebenso für kleine Ackerbürgerstädte passend. Charakteristisch für die Magdeburger Stadt- und Gerichtsverfassung ist die neben dem Rat stehende, in ihrem Wesen, Aufbau und Verfahren eigentlich landrechtliche, auch mit Handwerkern besetzte Schöffenbank. Der Magdeburger Schöffenstuhl, nicht der

[1] Siehe die Literatur hierzu bei H. Conrad, Deutsche Rechtsgeschichte, Bd. I² (1962), S. 363 f.

Rat war das „oberste Recht" des ganzen Rechtskreises. Ehrentitel eines Breslauer oder Thorner Handelsherren war es, in seiner Vaterstadt Schöffe zu sein, ggf. Schöffe und Ratmann. Völlig anders in Lübeck. Hier und in den rund hundert Städten lübischen Rechts – wir werden sie kurz „lübische Städte" nennen – gab es keine Schöffenbank. Hier vereinigte sich, wie die politische und wirtschaftliche Macht, so auch die rechtsetzende und rechtsprechende Gewalt im Rat. Wenn es auch nicht zutraf, daß – wie es in einem kurialen Nuntiaturbericht vom Jahre 1300 einmal heißt [2] – die Lübecker Ratsherren die Stadt regierten, sicut aliquis dominatur rei sue, und daß sie bestrafen und alles sonstige nach ihrem Belieben mit ihren Bürgern tun könnten, sicut in aliqua terra de Alemannia aliqui possunt, und wenn es auch nicht zutraf, daß – wie es einmal in einer Prozeßschrift vom Jahre 1366 vor der päpstlichen Kurie zu Avignon vorgetragen wurde [3] – die Reichsstadt an der Trave vice et nomine imperatoris seu imperii durch Ratsherren regiert werde, welche über die Bürger das merum et mixtum imperium besäßen, so hatte diese bürgerliche Behörde, der Rat, doch eine ganz andere Stellung in ihrer Stadt als der Rat magdeburgischen Rechts. Der lübische Rat war in gewissem Sinn der Herr der Stadt, der Bürgereid wurde nicht der Stadt oder dem Rat der Stadt, sondern dem Rate *und* der Stadt geschworen – über dieses Wörtchen „und" kam es um das Jahr 1600 zu erheblichen bürgerlichen Unruhen (sog. Reisersche Unruhen), die sieben Jahre andauerten, bis sie durch einen Bürgerrezeß (v. 14. 6. 1605) geschlichtet werden konnten, ohne daß die Eidesformel geändert wurde [4]. Auch Kaiser Karl IV. – der einzige Kaiser, der die Königin der Hanse je besucht hat (im Jahre 1375) – mag die besondere Stellung der Lübecker Ratsherren gespürt haben, als er sie nachdrücklich mit „Gij heren" anredete und, als sie das bescheiden abwehrten, wiederholte: „Gij siit heren!" (nun, der Böhme Karl wird nicht niederdeutsch gesprochen haben). Der lübische Rat, in Lübeck wie in Itzehoe, in Anklam oder Narwa, wurde (wie übrigens auch in Hamburg) nicht von der Bürgerschaft gewählt – unvorstellbare Idee! –, sondern ergänzte sich selbst durch Kooptation [5]. Der Gewählte blieb lebenslänglich Ratsherr, doch amtierten jeweils nur zwei Drittel des ganzen Rats, als sogen. sitzender Rat, ein Drittel hatte, als sog. alter Rat, jeweils sein Freijahr, damit sich die Herren ihren eigenen Geschäften besser widmen konnten. Die jährliche Neuverteilung der vielen Ratsämter, dazu die Rückwahl der alten Ratsherren in den sitzenden Rat – soweit man den einen oder anderen nicht

[2] Bei *J. Reetz,* Bistum und Stadt Lübeck um 1300 (Lübeck 1955), S. 188, Anm. 1163.
[3] LübUB III Nr. 595, S. 633.
[4] Hierüber *J. Asch,* Rat und Bürgerschaft in Lübeck 1598–1669 (Lübeck 1961), S. 56 ff.
[5] Hierzu jetzt *Fr. Bruns,* Der Lübecker Rat, Ztschr. d. Ver. f. Lüb. Gesch. 32 (1951), S. 1 ff.

stillschweigend überging – und die Ergänzung durch neue Ratsherren aus dem Kreise der ratsfähigen Familien, d. h. der erfolgreichen Kaufleute, das alles, Ratsumsetzung genannt, fand an Petri Stuhlfeier, am 22. Februar, statt, an dem Tage, an welchem auch die Schiffahrt nach der Winterruhe eröffnet wurde. Wer erinnert sich nicht der lebhaften und historisch zuverlässigen Schilderung der Wahl Thomas Buddenbrooks zum Ratsherrn bei Thomas Mann! Das Wahl- und Umsetzungsverfahren war kompliziert, kein Handwerker oder Kleinhändler (Krämer) war ratsfähig. Das war so bis 1848.

Ein weiteres von vielen möglichen Beispielen für den Unterschied zwischen magdeburgischem und lübischem Recht bietet das Ehegüterrecht, in welchem sich Lübeck besonders nachdrücklich als auf Stärkung des Kredits bedachte Kaufmannsstadt erweist: Anders als bei der sogen. Verwaltungsgemeinschaft des magdeburg-sächsischen Rechts, die das Eigentum der Ehegatten getrennt läßt [6], haftete nach der lübischen Gütergemeinschaft bei beerbter Ehe (wenn also aus ihr Kinder hervorgegangen waren) die Witwe für die Schulden des Mannes auch mit ihrem Vermögen; denn – so begründeten die Revisoren des Lübecker Stadtrechts (vom Jahre 1586) diese schon im 13. Jahrhundert geschaffene Regelung – es sei „viel besser, daß privat Personen, sonderlichen aber die Frauen, an ihrem Gut und Patrimonio (d. i. Mitgift) etwas Schaden leiden, dann daß der glaube in Kauffhendeln geschwechet werde oder gar bey dieser Stadt fallen solle, zu derselben unheil und undergang". Überhaupt lassen die lübischen Statuten erkennen, daß (wie es in eben dem Vorwort zum Stadtrecht von 1586 heißt) „diese Stadt Lübeck eine Kauffmann Stadt ist, auff Handel und Wandel gewiedmet ist, dabey Trewe und Glauben sein mus" (das erste Vorkommen der Formel „Treu und Glauben" in einer deutschen Rechtsquelle). So nehmen Rechtssätze über Kauf, Frachten, Bürgschaft, Schiffsrecht, Bestrafung von falschem Maß und Gewicht usw. schon in den Handschriften des 13. Jahrhunderts einen beträchtlichen Raum ein. Zu den frühesten gesetzgeberischen Maßnahmen des Lübecker Rats gehörten auch Vorschriften über Schuldenwesen, d. h. über Konkurs, Arrest und Vergleich.

Die lübische Stadtverfassung war die einer reinen Handels- und Seestadt, das lübische Recht war Stadtrecht par excellence. Es gab auch kein Landrecht, zu dem es nur die bürgerlichen Besonderheiten geboten hätte. Mit dem Holstenlandrecht hat es nur geringe Berührung, und zwar im Gerichtsverfahren vor dem Vogt- oder Niedergericht. Lübeck war selber eine Kolonialstadt mit zugewanderten Bewohnern. Das stellt uns aber vor die Frage nach

[6] Grundlegend: *R. Schröder*, Gesch. d. ehel. Güterrechts in Deutschland, 2. Teil, 3. Abt. (1874).

der Herkunft und der Quelle der Rechtsbildung dieser „Königin aller teutschen Stadtrechte", wie einer der ersten deutschen Rechtshistoriker, der zu seiner Zeit berühmte Göttinger Professor J. H. Chr. Selchow vor 200 Jahren das lübische Recht genannt hat [7].

Entfaltung

Die Lübecker haben seit jeher Heinrich den Löwen als den Gründer ihrer Stadt angesehen. Wohl hatte es schon im 11. Jahrhundert eine wagrische, also slawische Siedlung am Unterlaufe der Trave, heute in der Nähe von Bad Schwartau, gegeben, und wohl hatte im Jahre 1143 Graf Adolf von Schauenburg etwas weiter traveaufwärts auf dem von Trave und Wakenitz gebildeten Inselhügel Buku (was vielleicht mit „Buchen" zusammenhängt) [8] eine deutsche Stadt angelegt. Aber erst als der Herzog von Bayern und Sachsen, der Vetter Barbarossas, seinen Tatendrang auf die Ostsee richtete, begann Lübecks eigentliche Geschichte. Das dem Löwen unerreichbare Schleswig, die Nachfolgerin Haithabus, sollte beiseite gedrückt werden und wurde es, der Gotlandhandel, d. h. der Seehandel über die Zwischenstation Wisby auf Gotland nach Rußland und Schweden, sollte nach Lübeck gelenkt werden und wurde es, der alte mühselige Land-Fluß-Weg über die kimbrische Halbinsel treeneaufwärts hinüber zur Schlei sollte durch einen Elbe-Trave-Kanal ersetzt werden und wurde es. Die so günstig gelegene Kaufstadt Lübeck vom Grafen zu erwerben, fiel ihm schwer. Schließlich, als die Stadt im Jahre 1157 völlig abbrannte, handelte er die Brandstätte mit List und Druck dem Schauenburger ab, „indem er ihm vieles versprach", und im Jahre 1159 entstand das dritte, das neue Lübeck, mit all den Freiheiten und Gerechtigkeiten, die den kometenhaften Aufstieg der Stadt [9] wenn auch nicht verursacht, so doch ermöglicht haben. Als im Jahre 1180 Heinrich der Löwe stürzte, übernahm der König die Stadt, und 1226 wurde Lübeck von Kaiser Friedrich II. zur Reichsstadt erhoben, zur libera civitas Imperii et ad dominium Imperiale specialiter pertinens, d. h. zur ersten freien Reichsstadt überhaupt.

[7] *J. H. Chr. v. Selchow,* Gesch. d. in Teutschland geltenden fremden und einheimischen Rechte (Göttingen 1767) § 315.

[8] Zur strittigen Deutung des Namens Lübeck vgl. jetzt *H. D. Kahl* in ZVlübG 42 (1962), S. 79 ff.; über buku ebda. S. 112 f.

[9] Schon *Herm. Conring,* De origine juris Germanici (1643), gebraucht (pag. 169) von der Stadt Lübeck das virgilische Bild (Bucol. I 25), sie habe sich über die anderen Städte erhoben quantum lenta solent inter viburna cupressi.

Zu den jura honestissima, die Herzog Heinrich – nach den Worten des zeitgenössischen Chronisten Helmold, Pfarrers in Bosau (am Plöner See) – bei der Gründung der Stadt verlieh, gehörten weitgehende Zollfreiheiten für die über Land und See handelnden Lübecker sowohl wie für die nach Lübeck kommenden Rutheni, Gothi, Normanni et ceterae gentes orientales, gehörte das Recht des freien Geldwechsels und die bürgerliche Kontrolle des in die Stadt gesetzten herzoglichen Münzers – mit der Reichsfreiheit erwarb Lübeck i. J. 1226 auch das eigene Münzrecht –, gehörte die Beschränkung ihrer Kriegsdienstpflicht auf die Verteidigung der eigenen Stadt, das Recht des Lübecker Bürgers, mit seinem Eineid ohne jeden Gegenbeweis darzutun, daß er ein freier Mann und keines Grundherrn Eigenmann sei, gehörte die Beteiligung der Stadt an den Gefällen des ursprünglich herzoglichen bzw. königlichen, später städtischen Vogtgerichts, ihre Befugnis, nach ihrem Belieben ihr Stadtrecht zu bessern, d. h. zu verändern, und über alles Recht, das sie sich statutarisch setzte, selber zu judizieren. Omnia civitatis decreta, id est kore (= Willkür), consules iudicabunt. Mit diesen letzten, rechtsgeschichtlich wohl wichtigsten lübischen Freiheiten war der Weg zu einem vom Rat zu Lübeck geschaffenen lübischen Recht frei, und Lübeck hat ihn mit solcher Energie beschritten, daß es schon im 14. Jahrhundert in Lübeck und in den Städten lübischen Rechts kaum einen Rechtssatz gab, der seinen Inhalt und seine Legitimation nicht urteils- oder willkürsweise durch den Rat von Lübeck erhalten hätte. Selbst vor der Änderung von Reichsrecht – dem peinlichen Strafrecht der Landfrieden – scheute der Rat nicht zurück, wie er auch seine Befugnis zur Rechtsbesserung dazu verwandte, einzelne Freiheiten des Heinrichsprivilegs den veränderten Gegebenheiten anzupassen. So hatte z. B. das Privileg (das man ins Jahr 1163 zu setzen pflegt) den Nachlaß des ohne anwesenden Erben Verstorbenen, wenn sich binnen Jahr und Tag keine auswärtigen Erben gemeldet hatten, dem stadtherrlichen Gerichtsvogt, der regia potestas, zugesprochen. Im lateinischen lübischen Stadtrecht von 1243 gehört die Hälfte davon bereits der Stadt, und in deutschen Rechtshandschriften des 15. Jahrhunderts ist nur noch die Stadt allein als Erbin genannt.

Die Schnelligkeit, mit welcher der Begriff „lübisches Recht" sich abrundete, mag sich darin zeigen, daß bereits im Jahre 1188 im Freibrief des holsteinischen Grafen Adolf III. für die Neustadt Hamburg bestimmt werden konnte, daß ein Rechtsbrecher hier allenthalben Lubicensi iure büßen sollte, ohne daß in dieser ersten Erwähnung des Ausdrucks „lübisches Recht" überhaupt die nähere Angabe seines Inhalts nötig erschien. Und schon i. J. 1218 spricht die Bewidmung der Stadt Rostock mit lübischem Recht vom ius Lubicense, das die Rostocker bereits besäßen. Die zahlreichen Kodifikationshandschriften des lübischen Rechts geben naturgemäß nur einen kleinen Teil des wirklichen Rechtsbestandes wieder, doch auch an ihrem Wachstum läßt sich die rechtsschöpferische Tätigkeit des Lübecker Rats entsprechend verfolgen. Die ältesten, lateinisch geschriebenen Stadtrechtstexte, aus der Zeit von etwa 1230 bis 1263, haben einen Grundbestand von je 90 Artikeln; es sind uns noch heute deren acht und einige größere Fragmente erhalten; von jedenfalls dreien wissen wir, daß sie noch in neuerer Zeit vorhanden waren. Seit man um 1270 zur Aufzeichnung in niederdeutscher Sprache übergegangen war, wuchs der Artikelbestand noch vor dem Jahre 1300 auf über 250 an. Die Zahl dieser – untereinander nach Inhalt und Umfang stark abweichenden – deutschen Handschriften ist groß. Allein die lübische Stadt Elbing hat im Jahre 1945 noch ihrer elf besessen. Die letzte, dann (jedenfalls in ihren privatrechtlichen Teilen) bis zum Jahre 1900 gültige, amtliche Fassung, das Revidierte Lübeckische Stadtrecht von 1586, enthielt in sechs Büchern 417 Artikel. Daß auch darin nur ein Teil des lübischen Rechtsstoffes erfaßt war, wird noch deutlich werden.

Herkunftsfrage

Nun ist bei allem Respekt vor der rechtsschöpferischen Kraft des Lübecker Rats klar, daß sie für die lübische Frühzeit – sagen wir: das erste Jahrhundert der Stadt – nicht hinreichte, alle Entscheidungen des täglichen Rechtslebens nach eigenen und selbstgefundenen Normen zu treffen. Da aber Lübeck nicht aus dörflichen, landrechtlichen Gemeinden erwuchs, sondern vom ersten Tage an eine Stadt in vollem Sinne war, und es – historisch – eine Gemeinschaft ohne Rechtsordnung nicht gibt, müssen die Bürger zunächst wohl nach anderem Recht gelebt haben, aus welchem als dem Grundstoff dann das eigene lübische Recht erwuchs. Damit sind wir bei der sogen. Herkunftsfrage angelangt, einem schon seit Jahrhunderten viel erörterten Problem, von dem bereits im Jahre 1769 der Lübecker Rechtsgelehrte Joh. C. Heinrich Dreyer sagt, daß es „der unterste Schüler in der Rechtshistorie kennt“ [10], und nicht weniger als 57 Autoren anführt, die sich schon vor ihm dazu geäußert hatten; seither hat sich die Zahl gewiß verdoppelt. Angelpunkt der Sache ist der Bericht des Chronisten Arnold, Abtes des St. Johannisklosters in Lübeck, des Fortsetzers von Helmolds Slawenchronik: die Lübecker hätten nach dem Sturze Heinrichs des Löwen ihre Stadt, aus Treue

[10] J. C. H. Dreyer, Einleitung z. Kenntniß der... von E. Hochw. Rath der Reichsstadt Lübeck von Zeit zu Zeit ergangenen allgemeinen Verordnungen usw., Lübeck 1769, S. 202.

gegen ihren Stadtherrn, ein Jahr lang gegen den Kaiser verteidigt und ihm erst auf Befehl des Herzogs Heinrich selbst die Tore geöffnet. Dabei hätten sie vom Kaiser verlangt, er möge ihnen die vom Herzog verliehenen und in Privilegien verbrieften „libertatem civitatis et justitias secundum jura Sosatiae" bestätigen [11]. In welchem Umfange aber das Soester Stadtrecht den Lübeckern verliehen gewesen war, was die etwas dunkle Fassung der Stelle eigentlich besage, ja ob die Nachricht überhaupt glaubwürdig sei – das alles bot viele Möglichkeiten zu neuen Antworten. Und es blieb auch nicht aus, daß die neuere Forschung dazu schritt, die einzelnen Sätze des älteren lübischen Rechts mit dem ältesten Soester Stadtrecht (aus dem Anfang des 13. Jahrhunderts) zu vergleichen, oder überhaupt auf diese Weise die Übernahme einzelner Rechtsinstitute aus dem Soester, Dortmunder, Kölner und anderen Stadtrechten zu bestimmen. Dieses ebenso beliebte wie scheinbar exakte Verfahren unterliegt indes schweren methodischen Bedenken. Die anfänglich ja ohnehin nicht sehr umfangreichen lübischen Rechtshandschriften enthalten – wie mittelalterliche Stadtrechte überhaupt – ja nicht das, was allgemeingültig und bekannt war, sondern was zweifelhaft oder streitig gewesen oder was hier anders war, eben spezifisch lübisch. Weil aber Lübeck z. B. hinsichtlich der Haftung der beerbten Witwe für die Mannesschulden, wie erwähnt, aus Gründen der Verstärkung des kaufmännischen Kredits andere Wege ging als Soest, weichen die das Ehegüter- und Erbrecht betreffenden Sätze schon des ältesten geschriebenen lübischen Rechts vom Soester Stadtrecht ab, usw. Nur beiläufig scheint manchmal durch, was vor der eigenen lübischen Rechtssetzung in Lübeck Rechtens war. So ist das Ganze notwendig etwas spekulativ und unsicher zu beantworten. Indes gewinnt die Nachricht des Detmar an sozusagen biologischem Beweiswert angesichts der gesicherten Tatsache, daß das führende, also das kaufmännische, ratsfähige Element unter den ersten Siedlern und Gründern Lübecks aus Westfalen kam, sowie angesichts der Selbstverständlichkeit, daß Auswanderer ihre Rechtsgewohnheiten mit sich zu nehmen pflegten. Namen wie Leverat de Sosato, Walvericus Sosatiensis, Godefridus de Medebeke, Giselbertus de Warendorp u. a. m. gehören zu den ältesten Lübecker Bürger- und Ratsherrennamen. In welchem Ausmaß Soester Recht im frühen Lübeck in Übung stand, ist schwer zu bestimmen. Gewiß erscheint, daß weder die Rats- noch die Gerichtsverfassung vom Soester Vorbild abhängig war. Daß das Gemeinwesen Lübeck ursprünglich auf Kirchspielen (wie Köln) oder auf Burschaften (wie Soest) aufgebaut gewesen sei, ist reine Erfindung. Und hätte

[11] Die Lesung „Sosatiae" ist gesichert und lautete nicht, wie schon H. Conring (De origine juris Germanici, 1643) vermutete, ursprünglich „Holsatiae".

das Soester Ratswahlverfahren, das gemäß der Soester Ratswahlordnung vom Jahre 1260 von den Hoven, den Burschaften her nach oben verlief, den Lübeckern auch nur zum bläßlichen Vorbild gedient, so wäre das Lübecker Ratsregiment gewiß mit einem größeren Tropfen demokratischen Öls gesalbt gewesen.

Neben dem Grundstoff des Soester Rechts (und in begrenztem Umfange, zumal was das Verfahren im Vogtgericht anging, des Holstenlandrechts) ist das frühe lübische Recht zu einem nicht geringen Anteil durch das nicht eigentlich lokalisierte Gewohnheitsrecht des über die Ostsee handeltreibenden Kaufmanns bestimmt gewesen. Seine nächstgreifbare schriftliche Fassung hatte es im Schleswiger Stadtrecht aus dem Ende des 12. Jahrhunderts gefunden. In demselben Maße nun, wie der Handel in die Hände des an der See ansässig gewordenen deutschen Kaufmanns überging, traten dessen mit der veränderten Schiffahrtstechnik und Handelsorganisation wachsenden eigenen Satzungen an die Stelle des alten, national indifferenten Handels- und Seerechts der Ostsee. Ein Teil davon, zumal des Seerechts, wurde mit dem lübischen identisch. Die beiden ältesten Hanserezesse, um 1260 zu Wismar beschlossen, bezeichnen sich selbst als zum Nutzen aller Kaufleute abgefaßt, die sich des lübischen Rechts erfreuen. Und ohne Unterlaß floß der das mitgebrachte Recht überflutende Quell der eigenen lübischen Rechtsetzung und Rechtfindung.

Verbreitung

Die große geschichtliche Bedeutung des lübischen Rechts lag ja auch zuvorderst darin, daß es in fast allen Städten zur Geltung gelangte, die die große Verkehrsbahn im Nordosten Europas, die Ostsee, umsäumten. Im Laufe des 13., aber auch noch im 14. Jahrhundert erhoben sich hier die rund 100 Städte lübischen Rechts. Sie einzeln aufzuzählen kann hier nicht in Rede stehen [12]. So genau ist es auch gar nicht möglich, gab es doch auch einige Städte – wie Garz auf Rügen –, die nur das lübische Ehegüter- und Erbrecht rezipiert hatten, andere sind im Laufe der Zeit vom magdeburgischen zum lübischen und wieder zurück – oder umgekehrt – gewechselt, wieder andere, hinterpommersche, in den polnischen Kriegen vielfach verwüstete, fast menschenleere Städtchen wußten bei einer Enquête im 18. Jahrhundert selbst

[12] Die bisherige Literatur über die Verbreitung des lübischen Rechts ist ungenau; als die ausführlichsten sind zu nennen: J. Michelsen, Der ehemalige Oberhof zu Lübeck und seine Rechtssprüche (Altona 1839), und G. Schubart-Fikentscher, Die Verbreitung der dt. Stadtrechte in Osteuropa (Weimar 1942).

nicht anzugeben, nach welchem Recht sie lebten, u. a. m. Doch bleiben immerhin etwa 80 sichere und beständige Fälle. Die westlichste große Gruppe sind die 18 Städte des Herzogtums Holstein – Kiel, Oldesloe, Itzehoe, Rendsburg usw. –, die östlichste die baltischen Städte Reval, Narwa, Wesenberg und Hapsal. Im Deutschordensland Preußen gelang es nur Elbing, Braunsberg und Frauenburg, ihr lübisches Recht für dauernd zu behaupten, bis zur Rückkehr des Ermlandes an Preußen (1773); Memel und Danzig verloren es bald wieder. Die große Masse lübischer Städte breitete sich entlang der Küste Mecklenburgs und Pommerns aus: Wismar, Rostock, Stralsund, Greifswald, Anklam, Kolberg und ihre vielen kleinen Hinterstädte.

Diese stolze Kette großer Hansestädte am südlichen Saum der Ostsee – im Verein mit Stettin (das Magdeburger Recht hatte), Danzig, Königsberg und Memel (Städte kulmischen Rechts) und Riga (einer Rechtstochter Hamburgs) – war von deutschen Bürgern geschaffen worden. Das bedeutet allerdings nicht (wie man es im 19. Jahrhundert gern sah), daß diese ummauerten Bürgerburgen alle aus wilder Wurzel an Stellen angelegt worden wären, an denen bis dahin nur Sumpf und Sand und ein paar elende wendische Fischerhütten zu finden waren. Die Ostsee der vorhergehenden Jahrhunderte war nicht nur von Jomswikingern und Schwärmen slawischer Küstenräuber bevölkert gewesen. Für ihre Funktion als uralter Fahrweg des Handels zeugen schon die archäologischen Denkmäler eines Haithabu, Rethra, Truso oder des von Vinetasagen umwobenen Jumne auf Wollin. Auch die Rechtsquellen sprechen eine deutliche Sprache – so, wenn das erwähnte Lübecker Heinrichsprivileg von 1163 Zollvergünstigungen für die Rutheni (= Russen), Gothi (= Schweden und Gotländer), Normanni (= Norweger) et ceterae gentes orientales gewährt; im Schleswiger Stadtrecht – wie einst im Hafen der Schleistadt – wimmelt es nur so von mercatores ituri in Gutiam, Frisones, Slavi, hospites de Islandia, de Burgundeholm et aliunde. Alle diese Händler und Seefahrer über die Ostsee kamen nicht aus den Wäldern, sondern aus Hafen- und Handelsplätzen, die Städte zu nennen weitgehend eine Frage der Sprachregelung ist.

Auch die deutschen Städte erhoben sich zum (allerdings geringeren) Teil an Plätzen, an denen sich neben slawischen Fürstenburgen – nach den bescheidenen Maßstäben von damals durchaus volkreiche – Stätten nichtagrarischen Gewerbefleißes befanden. Das gilt sicher für Rostock, Stralsund, Stettin, Kolberg und Danzig. Die Zahl der jüngeren Neugründungen freilich überwiegt. Aber auch an den schon erwähnten Plätzen entstand die deutsche Stadt, längere Zeit noch streng getrennt, neben der slawischen Siedlung, es sei denn, der alte Ort, völlig in Holz gebaut, war gerade einem der häufigen Brände zum Opfer gefallen. Die lübische Stadt war, schon nach dem Stadtrecht des 13. Jahrhundert, an Giebel und Brandmauer in Stein gebaut [13]. So heißt es denn i. J. 1255 für Kolberg in der vom Bischof Hermann von Kammin und Herzog Wladislaw III. ausgestellten Gründungsurkunde, „quod nos civitatem nostram Colberg Teutonicis jure Lubecensi ... donavimus possidendam"; i. J. 1266 beurkundet derselbe Bischof, daß er zwei Deutschen, Marquard und Hartmann, „civitatem Cussalin (= Köslin) vocatam ad possidendum contulimus", zu lübischem Recht. „Possidere" bedeutet nicht, wie immer mißverstanden worden ist, „besitzen", sondern „besetzen"; die possessores Marquard und Hartmann sind nicht die Besitzer, sondern die Besetzer, die locatores von Köslin gewesen, die dann andere deutsche Ansiedler heranziehen sollten. Nicht selten waren freilich die deutschen Kaufleute und sonstigen künftigen deutschen Bürger bereits am Orte, einstweilen nur unter dem Schutze der Handels- und Aufenthaltsfreiheiten, die ihnen oder ihrer Heimatstadt (zumeist eben Lübeck) vom Fürsten gewährt worden waren. Wohl alle Städte lübischen Rechts sind auf diese Weise von Lübeck aus, durch Lübecker Bürger – oder später jedenfalls durch Bürger einer lübischen Stadt – gegründet worden. So war ihr Verlangen nach Bewilligung des ihnen vertrauten lübischen Rechts und der Vorteile der lübischen Freiheiten nur natürlich. Die Familienverwandtschaften lassen sich noch jahrhundertelang in den Rats- und Bürgerlisten und den Testamenten verfolgen. Das Rechtsverhältnis zwischen Stadtgründern und Fürst war das eines Vertrages, auch wenn er meist in die Gestalt des einseitigen Privilegs gekleidet war und nur selten die Vertragsnatur so erkennen läßt wie i. J. 1285 für Treptow a. d. Rega, wo der Pommernherzog Bogislaw IV. und der Abt zu Belbuck bekennen: „convenimus cum Teutonicis in hunc modum super possessione civitatis Trebetowe et jure Lubecensi ...". Die sonst meist gewählte Form einer concessio oder donatio ex speciali gracia ist nur die im Mittelalter aus Standesrücksichten beliebte Scheinform, wie ja auch die dem Kaiser abgepreßte und von den Reichsständen vereinbarte Goldene Bulle von 1356, das Wahlgesetz des Reiches, sich großartig als ein de plenitudine imperialis potestatis erlassenes edictum imperiale ausgibt.

Mit der Anerkennung der deutschen Siedlung als Stadt war, wo eine slawische Vorgängerin vorhanden gewesen war, deren Ende gekommen. Der

[13] Dt. StR. Hs. Ki (Ausg. Korlén) Art. 68, vom Streit um eine Brandmauer handelnd: „... de gene oc, de de muren gewinnet, de schal buwen en sten hus al up, vore unde achter mit gevelen".
Revid. lüb. Stadtr. von 1586, III 12,9: „Es sollen alle Gebäude so wol zur Strassen als Hoffwerts mit Stein und Kalck aus dem Fundament an Brandmauren, Giebeln, Schorsteinen und Feuersteten aufgeführet werden. Die Mauren aber im Leim und Stenderwerk zu setzen, sol gäntzlich verboten seyn."

frühe pommersche Geschichtsschreiber Kantzow [14] beschreibt dies für Kammin, das nach einer Zerstörung im Jahre 1274 als deutsche Stadt lübischen Rechts wiedererbaut wurde, so: Man habe bis dahin auch „wendisch recht gepraucht, aber Herzog Barnim hat ir wendisch recht in teutzsch recht gewandelt". Die slawischen Bewohner suchten, soweit Handwerker und Händler, in der deutschen Stadt unterzukommen, auch wenn sie nach lübischem Recht nur Bürger minderen Rechts werden konnten [15]; die anderen, hauptsächlich Fischer und Gärtner, blieben in einer – anfangs häufig „Wiek" genannten – Vorstadt wohnen, in Rostock während des 13. Jahrhunderts unter einem eigenen städtischen Wendenvogt.

Doch hat die Verwandlung des „wendisch recht in teutzsch recht" für die Bürger der neuen Städte deutschen, d. h. lübischen Rechts mehr bedeutet als nur die Beibehaltung der mitgebrachten Rechtsgewohnheiten. Die deutschen Bürger behielten und die undeutschen Bürger gewannen etwas, was die Handwerker und Kaufleute einer slawischen Siedlung nicht besessen hatten und besaßen: die Freiheit. Hier liegt, auch wenn wir die slawischen Vorgängerinnen als Städte zu bezeichnen keine Bedenken tragen, der große Unterschied, hier liegt der große Schritt voran, hier liegt die Anziehungskraft des deutschen – also lübischen – Stadtrechts, deren wirtschaftliche Aspekte es sogar den slawischen Herren geraten sein ließen, auf die Untertanenschaft ihrer städtischen Gewerbshintersassen zu verzichten und den Deutschen das Steuer der Stadtverwaltung in die Hand zu geben.

Rechtszug

Die Perlenkette backsteingotischer, ummauerter, von freien deutschen Bürgern bewohnter und regierter Städte entlang der blauen Ostsee wurde durch das lübische Recht zusammengehalten. Es ist leicht zu ermessen, welche Vorteile für Handel und Verkehr dieses großen Wirtschaftsgebietes sich aus der Einheitlichkeit des Rechtes ergaben. Wohin der Kaufmann oder Schiffer aus Lübeck, Stralsund oder Reval auch immer kam – Verträge, Erbfälle und Prozesse wurden überall nach demselben, ihm vertrauten Recht abgewickelt. Ums Jahr 1400 lebten schätzungsweise 250 000 Menschen nach lübischem Recht; das war das Doppelte derer, die nach bairischem Landrecht, und das Zehnfache derer, die nach Bremer Stadtrecht lebten. Diese große und aus-

[14] Thomas Kantzow, Pommersche Chronik 1536 (niederdeutsch, hrsg. von W. Böhmer, Stettin 1835; hochdeutsch von G. Gaebel, Stettin 1897).

[15] Hs. Ki Art. 75: „Een vrede, de godes vrede hetet, vnde bla vnde blot dat mot iewelik man wol tughen, vp dat he en vmberopen man si, svnder de wenede vnde vriheyt".

gedehnte Stadtrechtsfamilie, in welcher die Rats- und Gerichtsverfassung, das Erbrecht und die Testamentsformen, das Grundbuchwesen, das Kauf- und das Strafrecht gleich waren, wurde durch den Rat von Lübeck zusammengehalten und ständig mit neuem Rechtsstoff befruchtet. Lübeck als das „höchste Recht" versorgte seine Tochterstädte nicht nur mit Handschriften seines Rechts und auf Anfrage mit hunderten von Einzelrechtsweisungen – seit dem 13. Jahrhundert war es auch Appellationsinstanz für die Urteile, die in den Tochterstädten vom jeweiligen Rat gesprochen wurden. „Wert in den steden oder in den wikbelden, dar unse recht is, gevunden iemende en ordel, dat wist men vor den rat, ofte he dat bescheldet; wert it eme den so gevunden van deme rade, dat it eme nicht recht ne dunket, so mach het beschelden vort vor unsen rat." Dieser Satz, erstmals im sogenannten Elbinger Kodex von etwa 1270 verzeichnet, war lübisches Recht, galt also grundsätzlich in allen und für alle lübischen Städte. Doch gab es Ausnahmen. So verbot der Deutsche Orden in Preußen seinen lübischen Städten Elbing (1246), Memel (1254), Braunsberg und Frauenburg den Rechtszug nach Lübeck; ihre Urteilsscheltungen sollten an den Orden gehen. Elbing setzte nach einem Jahrhundert zähen Ringens sein Zugrecht durch; Memel ging ohnehin bald zum kulmischen Recht über. Eine Reihe kleinerer pommerscher und mecklenburgischer Städte erhielt bei ihrer Bewidmung eine andere lübische Stadt ihrer Region als Oberhof zugewiesen. So sollte Greifswald für Kolberg, Kammin und Usedom Appellationsinstanz sein, nach Kolberg wieder wurden Köslin, Körlin, Stolp, Schlawe und Bublitz verwiesen. Später hat Kolberg freilich unmittelbaren Rechtszug nach Lübeck. Ob die Enkelstädte über ihren Oberhof hinaus nochmals nach Lübeck ziehen konnten, ist nicht generell zu beantworten; für Treptow a. d. Rega ist es bezeugt, der Stadt Hela, die „ir gestroffen urteil zum Elbinge holen" sollte, wurde es (1378) ausdrücklich untersagt [16].

Vielleicht wegen solcher Beschränkungen, gewiß aber auch durch Überlieferungsverlust sind uns Lübecker Oberhofurteile an nur 33 Tochterstädte erhalten, aber ihre Zahl geht in viele Tausende. Vor dem Untergang des reichen Lübecker Archivs bei Kriegsende konnten rund 3600 dieser Urteile, bis zum Jahre 1550 reichend, abschriftlich gerettet und jüngst im Druck veröffentlicht werden – eine auch quantitativ singuläre rechtshistorische Entscheidungssammlung [17]. Und alle diese Ratsurteile sind nicht von Juristen deduziert, sondern in einer überwältigenden Kontinuität rechtlichen Denkens durch Jahrhunderte von Kaufleuten, ehrenamtlich tätigen Ratsherren und

[16] Über den Aufbau der lübischen Rechtszugfamilie und das beim Rechtszug beobachtete Verfahren s. jetzt W. Ebel, Der Rechtszug nach Lübeck, HansGeschBl. 85 (1967), S. 1 ff.

[17] Lübecker Ratsurteile, hrsg. von W. Ebel, 4 Bände, Göttingen 1955–1967.

Bürgermeistern, der Rechte nicht gelehrt, aber des Rechten sich stets bewußt. Aus dieser Tradition erklärt sich auch der geringe und jedenfalls späte Einfluß des römischen gemeinen Rechts auf das lübische. Wiederholt hat der Rat von Lübeck beim Reichskammergericht feierlich dagegen protestiert, daß in den aus Lübeck kommenden Prozeßsachen kaiserliches Recht angewendet werde, was dem lübischen Recht und Gerechtigkeit ganz zuwider sei, und er wolle „mit kaiserlichen Rechten, die wir nicht ertragen mögen, nicht beschweret werden". Berühmt ist auch der Ausspruch des Lübecker Bürgermeisters Hermann von Warendorp vom Jahre 1456, „dat nemant der Stades recht möt krenken mit kaiserlichen Rechten . . ., wen de latinschen Rechte unses Stades Wesen unnütte und gantz untemelick sin".

Ausklang

So war es auch nicht das römische Recht oder etwa der seit dem Ende des 16. Jahrhunderts in den lokalen und territorialen Gerichtsordnungen des lübischen Gebiets, etwa der Rostocker GerO von 1586, der mecklenburgischen Hofgerichtsordnungen von 1558, 1570 und 1622, der pommerschen HofGerO von 1566 u. a. m. rezipierte gemeinrechtliche Kammergerichtsprozeß, die dem Lübecker Oberhofsystem ein Ende bereiteten – im Gegenteil hätte die Angleichung an das allgemein Übliche nur zu seiner Erhaltung beitragen können. Es war vielmehr das erfolgreiche Streben der Territorialherren nach Abrundung ihrer Macht, nach Umwandlung ihres Territoriums zum Staat. Dazu gehörte, seit Bodin den Begriff der Souveränität in den politischen Machtkampf eingeführt hatte, die Ausschließung fremder Gerichtsbarkeit und die Einrichtung eigener landesherrlicher Gerichte. In diese neue Landkarte ragte das Lübecker Oberhofsystem, über nahezu zehn solcher Länder sich erstreckend, Denkmal mittelalterlicher Bürgerautonomie, als störendes Relikt hinein. Deshalb verbot Herzog Friedrich von Schleswig-Holstein schon i. J. 1496 seinen lübischen Städten die Appellation nach Lübeck und schuf als Ersatz das von den Städten Kiel, Itzehoe, Oldesloe und Rendsburg besetzte sogenannte Vierstädtegericht. Die genannten mecklenburgischen und pommerschen Gerichtsordnungen und andere neben und nach ihnen beseitigten den Rechtszug nach Lübeck, indem sie anfangs zur Wahl des Bürgers, später aber ausschließlich die Appellation ans Hofgericht vorschrieben. Die Stadt Reval, schwedisch geworden, wurde i. J. 1584 mit den Appellationen nach Stockholm verwiesen. Um die Mitte des 17. Jahrhunderts war der lübische Oberhofverband, der über 400 Jahre hinweg nach dem um 1300 geschriebenen Gedanken Bestand gehabt hatte, „quod apud consules

Lubecenses impossibilis est error", zerfallen. Das war auch nicht dadurch verhindert worden, daß der Lübecker Rat im Jahre 1586, um dem von den Landesherren verbreiteten Vorwurf der Unklarheit, Widersprüchlichkeit und Unzeitgemäßheit des in jahrhundertealten Handschriften vorliegenden lübischen Rechts zu begegnen, ein aus dem alten Bestand und der Judikatur gearbeitetes Revidiertes Lübecker Stadtrecht im Druck erscheinen ließ. Daß es auch den vorher zitierten Satz vom Rechtszug nach Lübeck mit aufnahm, blieb freilich von Anfang an Theorie. Dennoch übernahmen die meisten Städte dieses revidierte, in seinem Inhalt vom römischen Recht kaum berührte Recht als ihr eigenes, und es blieb, jedenfalls in den größeren von ihnen, wie in Lübeck selbst, mit seinen privatrechtlichen Teilen bis zum Deutschen Bürgerlichen Gesetzbuch von 1896 in Geltung (also bis zum 31. 12. 1899). Im 17./18. Jahrhundert erwuchs um dieses Revidierte Stadtrecht eine ganze, Hunderte von Titeln umfassende juristische Literatur, die sogenannte Jurisprudentia Lubecensis, unter welcher der große Kommentar des David Mevius, Vizepräsident des schwedischen Obertribunals zu Wismar, das bekannteste, seit 1643 mehrfach aufgelegte Werk war. Lübisches Recht selbst blieb am längsten in seinen östlichsten Außenposten, den baltischen Städten, bei Kräften, wo es – seit 1864 unter dem Namen „Estländisches Stadtrecht" – bis zum Jahre 1940 in Geltung stand.

Nicht zu vergessen ist schließlich das Rechtserbe, das wir im heutigen deutschen Privatrecht aus dem lübischen Recht übernommen haben. So ist bekanntlich unser Handelsgesetzbuch von 1897 nur die mit Rücksicht auf die Schaffung des BGB vorgenommene Neuredaktion des Allgemeinen Deutschen Handelsgesetzbuchs von 1861, an dessen Ausarbeitung der aus Lübeck gebürtige Göttinger Rechtsgelehrte Heinrich Thöl den maßgeblichsten Anteil hatte, der „Vater des Handelsrechts", dessen Lehrbuch die erste bedeutende Darstellung des deutschen Handelsrechts war [18]. Dieses Lehrbuch aber war nicht am Schreibtisch ersonnen. Einen erheblichen Teil seiner Einsichten hatte Thöl aus der auf hansisch-lübischem Recht beruhenden Judikatur des Oberappellationsgerichts der Vier Freien Städte Deutschlands zu Lübeck gewonnen, dessen Akten ihm der OAG-Präsident G. A. Heise zugänglich gemacht hatte. Viele Sätze seines Buchs, schreibt Thöl im Vorwort zur ersten Auflage (1841), verdankten dieser Quelle ihre Entstehung, aus der ihn „echt juristischer Geist so kräftig und frisch wie reine Seeluft angeweht" habe.

[18] Auch die erste deutsche Darstellung des Handelsrechts überhaupt (in lateinischer Sprache) wird einem Lübecker verdankt; es ist des Lübecker Bürgermeisters Johann Marquard Tractatus de jure mercatorum (Lübeck 1642).

Lübisches Recht im Norden

Die Rolle des lübischen Rechts im Ostseeraum ist jedoch nur unvollständig beschrieben, wenn man bloß die Rechtsfamilie lübischer Städte berücksichtigt. Die Ostsee war in noch weiterem Ausmaße rechtshistorisch ein mare Lubicense. Lübeck, als Haupt der Hanse, war auch oberstes Gericht für die hansischen Kontore am Rande des lübischen Rechtsgebietes, zu Nowgorod am Ilmensee, zu Bergen in Norwegen, auf dem Heringsfangplatz bei Skanör und Falsterbo auf Schonen. Die Ordnungen und Gesetze des Deutschen St.-Peterhofes zu Nowgorod – Skraen genannt – enthielten lübisches Recht; nach ihm wurde dort gehandelt und gerichtet, gleichviel, ob die Beteiligten aus Lübeck, Köln oder Braunschweig herkamen. Die Nowgoroder Skraen wurden in Lübeck gemacht. Von der Bank der Älterleute zu Nowgorod aber ging der Rechtszug ursprünglich nach Wisby auf Gotland, die altersgraue Metropole des Ostseehandels. Schon i. J. 1294 aber erklärten sich 27 deutsche Städte damit einverstanden, daß Lübeck an die Stelle Wisbys trete. Endgültig wurde dieser Sieg Lübecks über seine alte Konkurrentin freilich erst i. J. 1371, nachdem Wisby i. J. 1361 durch den Dänenkönig Waldemar Atterdag erobert und dänisch geworden war.

Auch von der Deutschen Brücke zu Bergen, dem hansischen Kontor des Norwegenhandels, ging die Urteilsschelte an den Rat von Lübeck, und ebenso von dem damals märchenhaft ergiebigen Heringsfangplatz auf der kleinen Halbinsel im Öresund, wo während der alljährlichen Herbstfangzeit nicht nur die Lübecker, Rostocker usw., sondern auch die Stettiner und Danziger ihre Vitten und Vögte hatten.

Wie in den lübischen Städten am Südsaum der Ostsee, waren es auch in den ostseehansischen Kontoren nur Deutsche, die untereinander nach lübischem Recht lebten. Für den Nowgoroder Handel mit den Russen galten besondere Handelsverträge, für den Umgang mit den dänischen Fischern in Schonen die Privilegien der dänischen Könige, für den Norwegerhandel in Bergen norwegisches Recht. Dennoch bleibt noch der nicht unbeträchtliche Einfluß des lübischen Rechts im übrigen Skandinavien zu betrachten. Sein Hauptfeld ist Schweden mit Gotland, doch ist zuvor das Stadtrecht von Ripen (dän. Ribe) in Jütland zu erwähnen, das König Erich Klipping der Stadt im Jahre 1269 bestätigte. Sein – natürlich unbekannter – Verfasser hat mit bewunderungswürdigem juristischen Können und durchaus schöpferisch selbständig in den 59 Artikeln lübisches und dänisches Recht (Jydske Lov) zu einem geschlossenen Ganzen verarbeitet. Etwa die Hälfte des Stoffes läßt die lübische Vorlage erkennen, doch fehlt jede Übernahme lübischen Ehegüter- und Erbrechts, wohl aber findet sich lübisches, d. h. allgemein deutsches Strafrecht hineinverarbeitet, wodurch das Riberet eine in Dänemark sprichwörtlich gewordene Sonderstellung als „strenges Recht“ gewann. Wieweit Riberet in anderen dänischen Städten angewandt wurde, ist unsicher. Eine jüngere dänische Fassung von 123 Artikeln – mit einem nunmehr also geringeren lübischen Anteil – war später unter dem Namen Kong Erik Klippings Almindelige Byret in anderen dänischen Städten verbreitet.

Anders als in Dänemark, wo später nur deutscher Adel zahlreich ansässig wurde, hat in Schweden seit dem 13. Jahrhundert eine starke deutsche bürgerliche Einwanderung stattgefunden, die ihren Weg über Lübeck nahm. Neben goslarschen und anderen mitteldeutschen Bergleuten (vor allem aus Freiberg), deren Familien in den Bergstädten des Nordens bald verschwedeten, später auch deutschem Adel, der durch Kriegsdienst oder Heirat hinkam, wanderten deutsche Kaufleute und Handwerker in großer Zahl in die schwedischen Städte, wo sie bald zu den wohlhabenden und einflußreichen Leuten gehörten. Doch zuvor ist, weil auch für die Rechtseinwirkung auf Schweden von Bedeutung, Wisby auf Gotland zu betrachten. Über Alter und Aufstieg, Blüte und Niedergang dieses natürlichen Mittel- und Stützpunktes früher Ostseeschiffahrt ist viel geschrieben worden, insbesondere über den Anteil, den die Gotländer oder die Deutschen daran gehabt haben. Die ältere skandinavische wie deutsche Forschung hatte, mit unterschiedlichen Akzenten im einzelnen, im Grunde aber einhellig, Wisby als Stadt i. e. S. für das Ergebnis der starken Ansiedlung deutscher Kaufleute in der an sich viel älteren gutnischen Siedlung erklärt. Die gotländischen, Seehandel treibenden „Bauernkaufleute“ waren danach erst später aus ihrem Landgemeindeverband heraus und in die Bürgergemeinde übergetreten, von nun an mit den Deutschen eine Stadt, einen Rat und eine Bürgerschaft „van beyden tungen“ bildend. Indes erwuchs seither ein genaueres Bild vom frühgeschichtlichen und vorhansischen Wisby durch die schwedische archäologische Forschung. Man weiß heute, daß die Stadt, im 12. Jahrhundert bereits ein Anziehungspunkt für den deutschen Kaufmann, eine Stadt im vollen Rechtssinne gewesen ist, in welcher die Gilde der Theutonici in Gotlandia manentes sich innerhalb der gotländischen Gemeinde zu einer eigenen Bürgergemeinde mit Vogt und Rat entwickelte, bis mit der Vereinigung der beiden Gebilde eine einheitliche Stadt gegen Ende des 13. Jahrhunderts entstand. Das Stadtrecht dieser jüngeren, von Lübeck aus wesentlich mitbestimmten und paritätisch verwalteten Stadt stammt in seiner noch erhaltenen Originalhandschrift aus den Jahren 1341–1344; es sollte, nach der Verordnung des schwedischen Königs Magnus, in zwei Ausfertigungen, auf deutsch und auf gutnisch, gefertigt werden, doch ist nur die niederdeutsche auf uns gekommen. Daneben haben wir noch zwei Bruchstücke, wohl um 1270 geschrieben, eines älteren Wisbyschen Stadtrechts, dessen Abfassung um 1230 liegen könnte. Auch in den beiden Fragmenten finden sich neben gutnischem, festlandschwedischem und Rigischem Recht (wobei wahrscheinlich ist, daß Riga diese Sätze aus dem Wisbyschen übernommen hat) Rechtssätze, die auch in Lübeck galten. Das Stadtrecht von 1341/44 aber, das sich ganz wie ein deutsches Stadtrecht liest, ist zu einem überwiegenden Teile, zumal im Privatrecht, eindeutig lübisch; im Strafrecht und im Seerecht haben sich merkliche nordische Bestandteile erhalten [19].

In Schweden hatten die vielfältigen Probleme der deutschen Einwanderung im Jahre 1252 zum Vertrage zwischen Birger Jarl und Lübeck geführt, in welchem die Bedingung stand, daß die in Schweden ansässig werdenden Deutschen „patrie nostre legibus utantur et regantur et Suevi appellentur". Diese schwedischen leges – wohlgemerkt nur das Stadtrecht – blieben aber materiell vom Einfluß lübischen Rechts nicht frei. Das gilt schon für das älteste, seinem Inhalt nach auf die i. J. 1253 gegründete Stadt Stockholm bezogene, zwischen 1285 und 1296 verfaßte Stadtrecht, das auch in Lödöse, in einer oder mehreren Städten von Södermanland (vermutlich Nyköping) und wohl auch in Östergötland (etwa in Linköping) angewandt wurde. Seinen Namen „Biärköarätt" – Birkinselrecht – verdankt es offensichtlich jenem uralten kleinen Kaufmannstreffpunkt Birka im Mälarsee, den der erste Missionar des Nordens, Erzbischof Ansgar von Hamburg, ums Jahr 850 besucht hatte und Rimbert in der Vita Ansgarii beschreibt. Dieses ältere Stockholmrecht von 41 kurzen Kapiteln zeigt neben offensichtlich altem Recht – die Grundlage und Ergänzung war sicher Upplandslagen – manche Übereinstimmung mit Visby stadslag und, wahrscheinlich über Wisby, mit lübischem Recht, insbesondere im Privatrecht und in der Einrichtung von Bürgermeistern und Rat. Um 1350 wurden die Biärköarätter durch Magnus Erikssons allgemeines schwedisches Stadtrecht ersetzt, in welchem der Anteil deutsch-lübischen Stadtrechts noch größer ist als in jenen. Der lübischen entlehnt ist auch die Ratsverfassung der schwedischen Städte mit Bürgermeistern, Ratsherren, Rathaus und Bursprake. Wir finden sie 1284 in Jönköping, 1293 in Söderköping usw. Die Stadtverfassung in Magnus Erikssons Stadslagh folgt einschließlich der Eidesformulare für Ratsherren und Bürgermeister, der Ratsherrenwahl und des Ratsämterwesens lübischem Vorbild mit kleinen Abweichungen: so geschah die Ratsumsetzung nicht, wie in Lübeck, am 22. Februar (Cathedra Petri), sondern am alten schwedischen Nationalfeiertag Walborgsmässoafton (30. April), und von den 36 Ratsherren waren umschichtig nicht zwei Drittel im Amte und ein Drittel in Ruhe, sondern um-

[19] Zum Stadtrecht von Wisby zusammenfassend: Gösta Hasselberg, Studier rörande Visby stadslag och dess källor, Uppsala 1953. Dort die weitere Literatur.

gekehrt (vielleicht hatten die Kaufleute dort mehr mit ihren eigenen Geschäften zu tun). Diese sechs Bürgermeister und dreißig übrigen Ratsherren sollten – eine nachgerade berühmte Vorschrift der stadslagh – je zur Hälfte Schweden und zur Hälfte Deutsche sein (wobei es auf die Nationalität des Vaters ankommen sollte). Man hat aus dieser Bestimmung herauslesen wollen, daß damals mindestens die Hälfte der Stockholmer Bevölkerung Deutsche gewesen sein müßten. Diese Folgerung ist jedenfalls nicht schlüssig, weil nach der lübischen – also auch Stockholmer – Ratsordnung nicht ratsfähig waren, „de van hantwerke hebben gewunnen er goet“ (wozu auch die Krämer gerechnet wurden). Die paritätische Ratssitzverteilung als solche gibt also nur einen Anhalt für den Anteil der Deutschen unter den führenden Kaufmannsfamilien. Um den Anteil der Deutschen an der Stockholmer Bevölkerung festzustellen, müssen andere Quellen bemüht werden. Ein Rechtszug nach Lübeck kam selbstverständlich weder von Ripen in Jütland noch von Wisby oder einer schwedischen Stadt in Betracht.

Seerecht

Bei einer rechtshistorischen Betrachtung des Ostseeraums gebührt ein letzter Blick der Ostsee selbst, juristisch also dem Seerecht. Seit die Deutschen, zuerst von Lübeck aus, die Ostsee befuhren, wandelten sich die aus altnordischen Verhältnissen hervorkommende Schiffahrtstechnik und die Seehandelsverfassung. Nach altnordischem Seerecht – noch im Schleswiger Stadtrecht und im älteren Wisbyrecht erkennbar – hatte der Schiffseigner als Steuermann (stýrimaðr) das Schiff selber geführt und hatten die (zu kleinen Anteilen beteiligten) Befrachter als hásetar die Arbeit von Matrosen verrichtet, alle zusammen eine Fahrtgemeinschaft bildend. Bei den sehr viel größeren hansischen Handelsschiffen, deren bekannteste Form die Kogge (eigentlich der Kogge) wurde, griff eine andere Verfassung Platz: der nunmehr landsässig bleibende, der Schiffsführung wohl auch gar nicht mehr kundige Reeder ließ das nicht mehr von der Schiffsgemeinschaft selbstgefertigte, vielmehr unter Kapitalaufwand angeschaffte Schiff von einem angestellten Schiffer mit geheuerten Schiffsknechten führen und schloß mit den ebenfalls an Land bleibenden Befrachtern (die allerdings, ihre Waren begleitend, als Passagiere mitfahren konnten) Frachtverträge.

Es ist klar, daß diese neue Verfassung, die auch mit der beginnenden Schriftlichkeit des kaufmännischen Verkehrs zusammenhängt, das ganze alte Seefahrtsrecht umändern mußte. Es ist auch klar, daß nicht Lübeck allein, sondern die Gesamtheit der Hansestädte – jedenfalls der um die Ostsee gelegenen – an der Ausbildung dieses neuen Seerechts beteiligt war. Während in der Westsee (wozu man heute Nordsee sagt) zum Teil andere Rechtsgewohnheiten galten, schufen Lübeck und die Ostseehansestädte ein hansisch-lübisches Seerecht, das nicht nur in den Handschriften des lübischen Rechts (und im Revidierten Lübecker Stadtrecht von 1586) erscheint, sondern seit dem 15. Jahrhundert auch in umfangreichen Hanserezessen kodifiziert wurde. Die letzte große, bis ins 19. Jahrhundert gültige, die Deutsche Hanse also lange überlebende Fassung war das Hansische Schiffsrecht von 1613. Zwischen den Sätzen des gemeinhansischen und des lübischen Seerechts bestanden in manchen Einzelheiten (z. B. hinsichtlich des Bergelohns) gewisse Differenzen; doch wurden die Abweichungen des hansischen Rechts in den lübischen Städten wohl selten beachtet, und Lübeck war ja dann immer noch letzte Instanz. Im übrigen ist – ein rechtshistorisches Kuriosum – die Hansische Schiffsordnung von 1613 bei Einführung des ADHGB von 1861 und danach des Reichshandelsgesetzbuchs von 1897 nicht formell aufgehoben worden.

Neben dem lübisch-hansischen Seerecht machte vom 15. bis zum 17. Jahrhundert unter dem Namen „Wisbysches See- oder Waterrecht" eine Sammlung seerechtlicher Rechtfindungen von sich reden, die aber in Wirklichkeit nichts anderes als eine Privatkompilation niederländischer und westhansischer Seerechtsgrundsätze war – die ersteren in der Gestalt der Vonesse van Damme, einer flämischen Übersetzung der Rôles d'Oléron aus dem 13. Jahrhundert – und die mit Wisby nichts zu tun hatte. Die Bezeichnung zeugt nur von dem Glanz des Namens, den Wisby als „dat hogheste Waterrecht", als höchstes Seegericht des Ostseegebietes erworben hatte, ehe die Großmacht Lübeck und ihr Recht den Ostseeraum zu beherrschen begannen.

Summary

Since the 12th century the map of Germany began to cover itself with hundreds of cities, townships with a certain though limited degree of autonomy. This meant a new aggravation of the disintegration of legal unity that was already under way. This phenomena was, however, modified by the formation of families of communal law, where the law of a mother-city was simply transferred to a various number of daughter-cities. Simultaneously arose the obligation for the mother-city to inform in the future her daughter-cities about her practice in contentious matters. As a superior court she became a sort of appeal tribunal. This system expanded widely along with German colonisation in eastern Europe. Here, Magdeburg and Lubeck became the major superior courts. The law-family of Magdeburg extended from Silesia, Teutonic Prussia and Poland deep down into Russia. Lubeck, on the other hand, became the mother-city of the laws of about one hundred German cities, from Kiel to Reval, along the southern shore of the Baltic Sea. The imperial city of Lubeck being at the same time the head of the German Hanse, her law was also law in the counters of the Hanse (*St. Peterhof* in Novgorod, *Deutsche Brücke* in Bergen in Norway and others more). Consequently, the council of Lubeck was, since 1295, their uppermost instance. Following the commercial relations and the strong German immigration, the city of Visby on Gothland and other Swedish cities (Stockholm) were deeply influenced by the law of Lubeck. In Danmark, the law of Ribe was based to a certain amount upon the law of Lubeck. For these cities, however, Lubeck was not a superior court.

Whereas the law of Magdeburg corresponded to the type of the market town, where the municipal council played a less important part in comparison to the aldermen's bench, the law of Lubeck was the expression and legal form of life of a city living entirely on maritime trade. Even such apparently neutral institutions as the law on matrimonial property were modeled on commercial credit. In general, the daughter-cities of Lubeck were exclusivly and to a large degree autocraticly governed by the council, which regenerated himself by cooptation out of a few merchant families and which had the privilege of jurisdiction and legislation. Many manuscripts of Lubeck law were used in Lubeck and in her daughter-cities until 1586, when a revised edition of the municipal law was printed, which was enforced until 1900.

The magnificent ascension of Lubeck to the title of "Queen of the Baltic Sea" is due on one side to Henry Lion, who granted the city on the occasion of her new foundation in the year 1159 with far-reaching liberties in jurisdiction and trade, on the other side to the ability and courage of its leading merchant families, the first generations of which came from Westphalia. So the law of the city of Soest became the base of the development of Lubeck law. From Lubeck, and very often through her merchants, other cities with her law were also founded, from Wismar, Rostock and Stralsund to Reval. Not always were they entirely creations from uncertain root *(aus wilder Wurzel).* Often, the place had already been a Slave trading station of minor importance which the prince granted to the Germans. All these cities endowed with the law of Lubeck had their superior court in it. The law-family of Lubeck was the strongest and most enduring of all. In the 16th century, however, the German territorial princes, trying to establish a sovereignty of their own, began to stop their cities from appealing to Lubeck. The last appeal coming from Rostock was received in the year 1721. The maritime law developed by Lubeck was also the maritime law of the Hanse. Even after the fall of Lubeck as a major political force, her law still exercised it's influence. Especially the German code of commerce of 1861/97 that is decisively influenced by Heinrich Thöl, Lubeck-born lawyer, bears witness, even today, to the power of the "Queen of all German municipal laws", as Jus Lubecense was called as late as the 18th century.

Résumé

Quand, dès le XIIe siècle, la carte de l'Allemagne commença à se couvrir de villes par centaines, de communes dotées d'une autonomie, même limitée, cela signifiait une nouvelle aggravation du morcellement juridique qui était déjà en cours: Celui-ci fut cependant modéré par la formation de ce qu'on appelle familles de droit communal où le droit d'une ville-mère fut simplement transféré à un nombre plus ou moins grand de villes-filles. Ainsi prit naissance l'obligation pour la ville-mère désormais d'informer les villes-filles de leur droit dans des cas litigieux. Juge de droit, elle se développa en une sorte de cour d'appel. Au cours de la colonisation allemande en Europe orientale, ce système s'étendit sur des espaces immenses. Magdeburg et Lubeck y furent les juges de droit les plus importants. Le type de droit communal de Magdeburg s'étendait de la Silésie, la Prusse de l'ordre Teutonique et la Pologne jusqu'à l'intérieur de la Russie, tandis que Lubeck était ville-mère des droits d'environ 100 villes allemandes, de Kiel à Reval, le long du rivage méridional de la mer Baltique. La ville impériale de Lubeck étant en même temps la ville principale de la Hanse, son droit avait force de loi également dans les comptoirs hanséatiques *(St. Peterhof* à Novgorod, *Deutsche Brücke* à Bergen en Norvège, etc.); pour eux aussi, le conseil de Lubeck était, à partir de 1295, l'instance suprême. En conséquence des relations commerciales et de l'importante immigration allemande, les droits communaux de Visby sur Gotland et ceux des villes suédoises (Stockholm) furent fortement influencés par le droit de Lubeck. Au Danemark, le droit communal de Ribe était partiellement fondé sur le droit de Lubeck. Mais pour ces villes, Lubeck n'était pas juge de droit.

Si le droit de Magdeburg correspondait au type de ville rurale, où le conseil jouait un rôle moins important que le banc des échevins de la commune, le droit de Lubeck était lui l'expression juridique de la vie d'une ville purement dédiée au commerce maritime. Même des institutions juridiques apparemment neutres comme le droit concernant les biens matrimoniaux suivaient à Lubeck le modèle du crédit commercial. De plus, les villes sous l'influence de Lubeck étaient gouvernées exclusivement et en large mesure autocratiquement par le conseil qui se récrutait par cooptation en partant d'un nombre restreint de quelques familles de marchands et qui avait le privilège de la juridiction et de la législation. De nombreux manuscrits du droit de Lubeck étaient en usage à Lubeck comme dans les villes-filles jusqu'à ce que, en l'an 1586, parut un droit communal imprimé et révisé qui a eu force de loi jusqu'en 1900.

L'ascension magnifique de Lubeck au titre de « Reine de la mer Baltique » est dû, d'une part, à Henri le Lion qui dota en l'an 1159 la ville, à l'occasion de sa nouvelle fondation, de libertés commerciales et juridiques étendues; d'autre part, au travail et à l'audace de ses familles dirigeantes dont les premières générations venaient de la Westphalie. Le droit de la ville de Soest fut aussi à la base du développement du droit de Lubeck. En partant, et le plus souvent par des marchands de Lubeck furent fondées aussi les autres villes de son ressort, de Wismar, Rostock et Stralsund jusqu'à Reval. Ce n'étaient pas toujours des fondations sur des bases incertaines *(aus wilder Wurzel)*. Souvent, la bourgade avait déjà existé comme marché slave d'importance mineure que le prince céda aux Allemands. Toutes ces villes dotées du droit de Lubeck y allaient à chef de sens. La famille du droit de Lubeck fut la plus solide et la plus durable de toutes. A partir du XVIe siècle cependant, les princes territoriaux allemands, cherchant à établir leur souveraineté, commencèrent à interdire à leurs villes du ressort de Lubeck de faire appel à la ville-mère; le dernier appel fut fait par Rostock en 1721. Le droit maritime développé par Lubeck fut aussi en grande part le droit maritime de la Hanse. Même après la chute de Lubeck en tant que grande puissance, son droit exerçait encore de l'influence: Le code commercial allemand de 1861/97 surtout, influencé d'une manière décisive par le jurisconsulte Heinrich Thöl, né à Lubeck, est encore aujourd'hui un témoin de cette « Reine de tous les droits communaux de l'Allemagne », nom que l'on a donné encore au XVIIIe siècle au Jus Lubecense.

Diskussion

Professor Dr. jur. Gerhard Kegel: Sehr verehrter Herr Kollege Ebel, Sie haben uns einen außerordentlich eindrucksvollen Vortrag gehalten. Es ist Ihnen gelungen, in einem sehr kurzen Zeitraum – Sie haben genau eine Stunde gesprochen – einen vollständigen Überblick über die Entwicklung des lübischen Rechts mit einer unerhörten Fülle von Material zu geben, und dies mit einer ungewöhnlichen Gestaltungskraft, die uns sehr lebendig auch die archäologischen, technischen, landschaftlichen und politischen Verflechtungen und Grundlagen vor Augen geführt hat. Ich muß sagen, daß ich selten einen rechtshistorischen Vortrag gehört habe, der mich so bewegt hat wie dieser.

Das einzige, das ich vermißt habe – und das habe ich Ihren eigenen Schriften entnommen –, waren gewisse Kritiken, die im 16. Jahrhundert an dem lübischen Recht geübt wurden. Da habe ich bei Ihnen die Formel „lubsch Recht, glupsch Recht" gefunden, die Sie uns hier vorenthalten haben. Vielleicht können Sie in der Diskussion auf diese Einwände eingehen.

Professor Dr. jur. Hermann Conrad: Sie haben uns ein ausgezeichnetes Bild des lübischen Rechts gezeichnet. Gestatten Sie mir als altem Kölner Rechtshistoriker – ich habe ja in Köln meinen akademischen Weg begonnen –, die Frage an Sie zu richten, wie Sie das Verhältnis zwischen dem lübischen und dem kölnischen Recht sehen. Sie wissen, daß *Hans Planitz* im Jahre 1934 in dem Vortrag zur Eröffnung des Rechtshistorikertages im Hansesaal der Stadt Köln den Weg des kölnischen Rechts über Soest nach Lübeck gezeichnet hat [1]. Ich weiß nicht, ob Ihren Forschungen diese These von Planitz heute noch standhält. Sicherlich ist Planitz damals auf diese These gekommen, weil sich aus den damals in der Erschließung befindlichen Kölner Schreinsbüchern ergab, daß eine große Zahl von Kölner Bürgern nach dem Osten ausgewan-

[1] *Hans Planitz,* Das Kölner Recht und seine Verbreitung in der späteren Kaiserzeit, Zeitschrift der Savigny-Stiftung für Rechtsgeschichte, Germanistische Abteilung 55. 1935, S. 181 ff.

dert ist und daß Lübeck dabei Zwischenstation gebildet hat. Er hat damals die Auffassung vertreten, daß Kölner Recht in der Gestalt des Soester Rechtes auf Lübeck übertragen worden sei [2].

Die Kölner Schreinsbücher sind die ältesten Grundbücher, die es in Deutschland gegeben hat. Aus diesen kann man sehr interessante familienmäßige Zusammenhänge erschließen, weil Bürger, die von Köln ausgewandert waren und noch Rechte an Grundstücken in Köln hatten, wenn ein Rechtsverkehr an diesen Liegenschaften in Köln stattfand, in Breslau und anderen Städten des Ostens angeschrieben werden mußten, damit sie ihre Zustimmung zu den rechtlichen Veränderungen gaben. Infolgedessen findet sich in den Archiven der kölnischen Grundbuchbehörden eine ganze Reihe von Urkunden aus den östlichen Städten, so daß man die Wanderung der Kaufleute und ihrer Familien von Köln nach Osten verfolgen kann. Es lag also nahe anzunehmen, daß die Stationen der Wanderung des Rechtes nach dem Osten – Soest und Lübeck – in gleicher Weise Stationen dieser Wanderung gewesen sind.

Nun möchte ich darauf hinweisen, daß mir in den letzten Tagen etwas aufgefallen ist. Ich bin gerade dabei, für eine Festschrift die Handschrift eines reichsdeutschen Juristen herauszugeben, der um die Mitte des 18. Jahrhunderts eine Arbeit über die Kenntnis der bürgerlichen Rechte, vor allem in Deutschland, geschrieben hat. Dabei hat er, beeinflußt von der Aufklärung und besonders von Montesquieu, die Forderung nach einer Reform des bürgerlichen Rechtes gestellt, zugleich aber einen Aufriß der Geschichte des römischen Rechtes, des gemeinen Rechtes und des deutschen Rechtes gegeben. Hierbei kommt er auf die mittelalterlichen Stadtrechte zu sprechen. Er hat nur einige dieser Rechte im einzelnen aufgeführt, nämlich das magdeburgische Recht und das Soester Recht. Nicht erwähnt wird dabei das lübische Recht [3]. Ich möchte fast meinen, daß dies wieder eine gewisse Hilfestellung für die These von Planitz aus dem Jahre 1934 wäre. Bis jetzt habe ich mich nur oberflächlich mit der Frage beschäftigen können. Auffällig scheint mir aber doch zu sein, daß magdeburgisches Recht und Soester Recht erwähnt werden und eigenartigerweise das lübische Recht nicht. Nun könnte es sein,

[2] *Planitz*, a.a.O., S. 147, unter Berufung auf Arnold von Lübeck.

[3] *Christian August Beck*, Kurze Einleitung zur Kenntnis der bürgerlichen Rechte und insonderheit der teutschen, Haus-, Hof- und Staatsarchiv Wien, Hs. W 753. Hierzu demnächst *Hermann Conrad*, Das Zivilrecht im Rechtsunterricht für den Erzherzog Joseph, in: Festschrift *Hans Lentze*. Die erwähnte Stelle heißt: „Jede Stadt hatte auch ihr besonderes Recht, z. E. jus Magdeburgense, Susatense, welche Stadtrecht, Weich-Bild oder Köhre genannt und von den Kaisern selbst bestätiget wurden. (Anm. zu II, 18.)

daß der Verfasser, der aus Thüringen stammt, zum magdeburgischen Recht ein engeres Verhältnis hatte als zum lübischen Recht. Das wäre vielleicht eine Möglichkeit der Erklärung.

Professor Dr. jur. Wilhelm Ebel: Die Redewendung „Lubsch Recht, glupsch Recht" gehörte zur Propaganda der Landesherren des 16. Jahrhunderts und ihrer Hofjuristen. „Glupsch" = heimtückisch, hinterhältig, böse. Man wollte damit diesem in so vielen Städten Mecklenburgs, Pommerns usw. noch geltenden Recht auch die moralische Qualität absprechen, wobei man zugleich auf die Unübersichtlichkeit der in Gebrauch stehenden Handschriften des lübischen Rechts Bezug nahm. Dieser Vorwurf war einer der Hauptgründe, daß der Rat von Lübeck den gereinigten Text des Revidierten Stadtrechts von 1586 herstellen und in Druck gehen ließ. Es waren vor allem Wismar, Rostock und Stralsund, die auf eine solche sichere Rechtsgrundlage hindrängten, um ihren Bürgern das Bekenntnis zum jahrhundertelang hergebrachten lübischen Recht und zum Rechtszug nach Lübeck zu erleichtern. Tatsächlich entsprang der Kampf der Landesherren gegen das lübische Recht keinen Bedenken gegen dieses an sich und gegen seinen Inhalt. Sie haben ja auch ihren Städten den materiellen Gebrauch des lübischen Rechts meist gelassen. Ihnen ging es nur um die Abrundung ihrer Souveränität und die Zuständigkeit ihrer Hofgerichte, also die Beseitigung des Rechtszuges nach Lübeck. Dazu genügte es nicht, ein Hofgericht einzurichten und nur zu sagen: Jetzt könnt Ihr das benutzen. Sie mußten diplomatisch und schrittweise vorgehen. Mit den größeren Seestädten, die das Jus statuendi besaßen, also auch eigene Gerichtsordnungen machen konnten, vereinbarten sie nach langen Verhandlungen in Rezessen, daß die Bürger zwischen Hofgericht und Lübeck wählen könnten. In der nächsten Gerichtsordnung, ein, zwei Jahrzehnte später, war dann nur noch die Appellation ans fürstliche Gericht vorgesehen. Gegen die materielle Diskriminierung des lübischen Rechts wandte sich auch die sogen. Jurisprudentia Lubecensis mit zahlreichen Schriften, die von der Aequitas Juris Lubecensis handeln, d. h. von der Übereinstimmung des lübischen Rechts oder einzelner seiner Institutionen mit den Prinzipien göttlichen und menschlichen Rechts, der Gerechtigkeit, und von seiner Praktikabilität.

Herr Kollege *Conrad* weist auf das Problem Köln-Soest-Lübeck hin, auf das ich vielleicht näher hätte eingehen sollen. Der von ihm erwähnte Vortrag *Hans Planitz'* vom Kölner Rechtshistorikertag 1934 über das Kölner Recht und seine Verbreitung in der Kaiserzeit hat, wie man weiß, mit seiner These von der Vorbildlichkeit der niederfränkisch-kölnischen bürgerlichen Errungenschaften Anklang und Nachfolger gefunden. Dennoch bleibt, daß das Problem in mehrere selbständige Teile zerfällt, die eine verschiedene Antwort fordern. Daß Kölner Kaufleute und Bürgerfamilien beim Aufbau und Aufstieg der ostdeutschen Städte und ihres Handels eine bedeutsame Rolle gespielt haben, steht außer Zweifel. Darüber hatte gerade ein Jahr vor *Planitz*, ebenfalls in Köln, vor der Gesellschaft für Rheinische Geschichtskunde, *Fritz Rörig* im Jahre 1933 seinen Vortrag „Rheinland-Westfalen und die deutsche Hanse" gehalten. Der Rechtshistoriker *Planitz* betrachtete vor allem die Auswirkungen des Kölner Rechts und verwies wieder auf die Linie Köln-Soest-Lübeck. Nach ihm haben vor allem *Luise von Winterfeld* [1] und *Heinrich Reincke* [2] dieselbe Linie nachgezogen. Dennoch sind die beiden Teilstücke der Strecke zunächst einmal unabhängig voneinander zu betrachten.

Über die ursprüngliche Abhängigkeit des lübischen vom Soester Recht habe ich in meinem Vortrag gesprochen und sie in der dort umschriebenen Begrenzung bejaht. Diese uralte, seit Jahrhunderten erörterte Streitfrage hat, auf die Verfassungsebene verschoben, in den über Jahrzehnte reichenden Auseinandersetzungen zwischen *L. v. Winterfeld* und *Fritz Rörig* eine – angesichts der schließlich eingetretenen vollständigen Unübersichtlichkeit der Diskussion und auch sonst für den heutigen Leser wenig genußreiche – bedeutende Rolle gespielt. *A. von Brandt* [3] hat völlig recht mit seiner Ansicht, es sei heute niemandem mehr zuzumuten, den gesamten Denk- und Beweisführungsvorgang dieser vierzigjährigen, sich am Schluß im Kreise drehenden und unfruchtbar gewordenen Polemik nachzuvollziehen, zumal beide Autoren letzten Endes doch nur von Hypothesen ausgegangen seien: *L. v. Winterfeld* von der Auffassung, bei der Gründung Lübecks seien rheinisch-westfälische Verhältnisse, wie sie sich ihr darstellten, maßgebend gewesen – *F. Rörig* von der Überzeugung, bei der Gründung Lübecks seien ganz neue, durch die kolonialen Umstände begünstigte, durch das Schlagwort „Gründungsunternehmerkonsortium" unschön, aber treffend charakterisierte Bedingungen entscheidend gewesen. Bei allen Vorbehalten, ja auch bei Ablehnung der *Rörig*schen Theorie ist gewiß kein Zweifel daran möglich, daß die These *L. v. Winterfelds*, die Stadtverfassung Lübecks entspreche derjenigen von Köln oder Soest und baue auf Kirchspielen auf, verfehlt ist. Weder die Stadt- noch die Gerichtsverfassung Lübecks hat in Soest oder Köln ihr

[1] *L. v. Winterfeld,* Die stadtrechtlichen Verflechtungen in Westfalen, in: Der Raum Westfalen, Bd. II, 1. Teil, hrsg. von Herm. Aubin und Franz Petri, Münster 1955, S. 171 ff.

[2] *H. Reincke,* Kölner, Soester, Lübecker und Hamburger Recht in ihren gegenseitigen Beziehungen, in: Hans.Gesch.Bl., 69 Jahrg. 1950, S. 14 ff.

[3] *A. von Brandt,* Stadtgründung, Grundbesitz und Verfassungsanfänge in Lübeck, in: ZVlübG Bd. XXXVI, Lübeck 1956, S. 79 ff.

Vorbild. Für den Rechtsvergleich des frühen Lübeck mit Soest bleiben also nur Privat- und Strafrecht übrig. Vom ersteren habe ich das Ehegüterrecht angeführt, das in Lübeck geändert worden ist; man kann nur vermuten, daß die ersten Siedler nach der Soester Gütergemeinschaft verfahren sind. Für das Strafrecht – und zwar das peinliche Recht – ist es deshalb schwierig oder unmöglich, Bezüge herzustellen, weil es ja in fast allen Städten gleich war, da es seine Grundlagen in den Landfrieden hatte und keine eigene Rechtsetzung erforderte. Im übrigen ist die eigene Rechtsetzung in Lübeck so schnell und energisch vor sich gegangen, daß sozusagen vom Soester Recht nach 50 Jahren fast nichts mehr übrig war.

Das andere Teilproblem, das Verhältnis Soest-Köln, ist schon vom Herausgeber der Soester Chroniken, *Theodor Ilgen* [4] im Sinne einer Abhängigkeit des Soester Rechts von der Rheinmetropole behandelt worden. Nach *H. Planitz'* energischem Vorstoß haben dies dann auch *H. Reincke* und – mit etwas zuviel freier Phantasie – *L. v. Winterfeld* angenommen. Das ist aber nachdrücklich zu bestreiten. Gewiß war Soest eine kölnische Stadt und gehörte dem Erzbischof; das hat aber mit dem Stadtrecht nichts zu tun. (Über Wesen und Geltungsgrund des Stadtrechts kann hier nicht gehandelt werden.) Das Soester Recht ist autochthones westfälisches, d. h. engerisches Recht, sein Ehegüter- und Erbrecht weicht vom Kölner Recht völlig ab – über das Kölner Recht wissen wir hier überhaupt erst durch das Kölner Stadtrecht von 1437 Bescheid (das Soester gehört bekanntlich dem 12. Jahrhundert an) –, und auch sonst zeigt das eigentliche Soester Stadtrecht keine einzige Bestimmung, die aus Köln übernommen worden wäre. Als ich im Jahre 1957 auf dem Tag der westfälischen Geschichte in Soest vorgetragen hatte, daß es keinen Zusammenhang zwischen den beiden Stadtrechten gebe [5], veranlaßte dies einen – hier nicht anwesenden – Fachkollegen, meine Ausführungen eigens durch eine Doktorarbeit nachprüfen zu lassen, die dann freilich grundsätzlich zu keinen anderen Ergebnissen kam [6].

Für die vermeintliche Rechtslinie Köln-Soest-Lübeck haben die von Herrn Kollegen *Conrad* erwähnten Kölner Grundbücher, die seit 1135 erhaltenen Schreinskarten und (später) Schreinsbücher, immer eine große Rolle gespielt. In Lübeck – wie aber auch in Hamburg und anderswo im Osten – beginnen die Stadtbücher im Anfang des 13. Jahrhunderts (1227) und bieten durch

[4] *Th. Ilgen,* Einleitung zu: Die Chroniken d. dt. Städte vom 14. bis ins 16. Jahrh., XXIV Bd. 3. Teil, Soest und Duisburg. Leipzig 1895.

[5] *W. Ebel,* Das Soester Recht; Wesen, Herkunft, Bedeutung. In: ZVerSoestG Heft 72, Soest 1959, S. 5 ff.

[6] *Klaus Welt,* Das alte Soester Stadtrecht in seinem Verhältnis zum Kölner Recht. Diss. jur. Münster/W. 1960.

Aufspaltung in Grund- oder Erbebücher (in Lübeck: Oberstadtbuch), Schuldbücher (in Lübeck: Niederstadtbuch), Rentebücher, Gartenbücher usw. seit dem Ende des 13. Jahrhunderts eine der glänzendsten Grundbuchreihen Deutschlands (heute leider nicht mehr in Lübeck vorhanden). Der angeblich so überzeugende Beweis für die Wanderung des Kölner Grundbuchwesens nach Lübeck leidet an zwei Mängeln: Erstens hat es – wie leicht festzustellen gewesen wäre – in Soest, das doch die Zwischenstation gewesen sein soll, niemals, d. h. bis in die preußische Zeit (18. Jahrh.) hinein, irgendwelche Grundbücher gegeben; zweitens haben die kölnische und die lübische Form des Grundbuchs ihrem Wesen nach nichts miteinander zu tun, da die erste aus der Registrierung des gerichtlich vorgenommenen Rechtsgeschäfts (Auflassung) durch die Gerichtsschöffen (Amtleute), die andere aus der Ratsbuchführung erwachsen ist. Die ältesten Stadtbücher des norddeutsch-lübischen Gebietes waren denn auch sogen. gemischte libri civitatis, in die der Ratsschreiber alles mögliche Buchenswerte (um einen Lieblingsausdruck Thomas Manns zu verwenden) eintrug, darunter auch die vor dem Rat (nicht gerichtlich!) vorgenommenen Grundstücksgeschäfte, erst später schuf man rein aus technischen Gründen, vor allem zur leichteren Auffindbarkeit von Einträgen, getrennte Bücher.

Was den von Herrn Kollegen *Conrad* angeführten reichsdeutschen Juristen des 18. Jahrhunderts angeht, der für den Rechtsunterricht des Erzherzogs Joseph einen Grundriß des bürgerlichen Rechts verfaßt hat und der in seinen geschichtlichen Ausführungen über Stadtrechte wohl das Magdeburger und das Soester Recht nennt, aber auffälligerweise nicht das lübische, so weiß ich natürlich nicht, wie man das erklären soll. Daß das lübische Recht als „die Königin aller teutschen Stadtrechte" (v. Selchow) auch allen Rechtsgelehrten jener Zeit wohlbekannt war, wird man nicht bezweifeln können. Möglicherweise – aber eben nur als nicht unmöglich gemeint – hat jener Jurist dabei die auch im 18. Jahrhundert noch nicht untergegangene Vorstellung im Sinne gehabt, daß das lübische Recht eigentlich Soester Recht sei. Ich erwähnte die seit Ende des 16. Jahrhunderts einsetzende, literarisch ausgebreitete Jurisprudentia Lubecensis. Ihr bekanntestes Werk war der große Kommentar des David Mevius, Vizepräsident des Schwedischen Obertribunals zu Wismar, zum Revidierten Lübeckischen Stadtrecht von 1586 (Erste Ausgabe 1643). Dieser Kommentar wurde gelegentlich auch dort benutzt, wo eigentlich nicht lübisches Recht galt, so z. B. in Hamburg. Nun findet man im 18. Jahrhundert in Westfalen mehrfach die Meinung vertreten, daß „der Mevius" auch zur Erläuterung des Soester Rechts in Prozessen benutzt werden könne, weil lübisch Recht ja eben doch Soester Recht sei (wenn das auch längst nicht mehr zutraf) und es über Soester Recht keine literarischen Hilfsmittel gab. Für die Anwendbarkeit des „Mevius" in westfälischen Prozessen sprach sich z. B. der Reichskammergerichtsassessor Ulrich v. Cramer aus, andere widersprachen ihm [7]. Vielleicht hatte der Lehrer des Erzherzogs in Wien davon gehört? Doch glaube ich, man sollte hier keine besondere Absicht dieses Mannes vermuten.

Professor Dr. jur. Bernhard Rehfeldt: Ich möchte noch eine Frage zur Organisation des Rechtszuges an den Oberhof und zum Bewidmungsverfahren stellen. Die Judikatur, die sich im Lübecker Rat konzentrieren mußte, nachdem die Rechtsfamilie stand, muß doch eine ganz gewaltige Arbeitslast gewesen sein, die sich der Rat damit aufgehalst hatte, wenn man das so nennen will. Jede neue Bewidmung einer Stadt mit lübischem Recht bedeutete eine Vermehrung der Arbeit des Rates. Es wäre ganz interessant, wenn man darüber einmal Klarheit gewänne, wie das nun zu denken ist. Wie erfolgte eine solche Bewidmung? War das ein Vertrag zwischen Lübeck und der sich Lübeck anschließenden schon vorhandenen oder neu gegründeten Stadt, oder war das ein einseitiges Geschäft dieser Stadt, das Lübeck belastet hätte? Das kann man sich eigentlich kaum denken. Worin lag etwa eine Gegenleistung für Lübeck, für den Rat oder die Ratsherren für die gewaltige Arbeit, die ihnen durch diese Bewidmung erwuchs? Wie hat das Oberhofsystem in dieser Hinsicht funktioniert?

Professor Dr. jur. Wilhelm Ebel: Was die Bewidmung mit lübischem Recht angeht, so ist die Feststellung des Herrn Kollegen *Rehfeldt*, diese und die meist daraus folgende Oberhoftätigkeit des Rates von Lübeck habe für diesen doch eine Vermehrung seiner Arbeitslast bedeutet, die er nicht ohne Grund auf sich genommen haben dürfte, ebenso überraschend wie treffend. Dennoch glaube ich, daß man die Frage zufriedenstellend beantworten kann. Was das Bewidmungsverfahren betrifft, so war es ganz sicher kein Vertrag zwischen Lübeck und der Tochterstadt, aber auch kein einseitiges Diktat des Stadtherrn. Das letztere anzunehmen ist die Forschung immer nur (auch bei allen anderen Stadtrechten) durch die Tatsache verleitet worden, daß die „Verleihung" des Stadtrechtes sich meist im Privileg des Stadtherrn findet. Eine solche concessio ist aber immer nur ein Zugeständnis und eine Garantie des

[7] *U. v. Cramer*, Wetzlarische Nebenstunden, Teil 56, Abh. VIII, Wetzlar 1763. Ferner: *Gabriel Chr. Lembke* sive *Joan. Aug. Hellfeld*, Diss. convenientiarum quorundam juris statut. Lubecensis capitum cum legibus Westfalorum, Jena 1762. Gegen *Cramer: J. Ac. Klöntrup*, Beytrag z. e. nöthigen Revision d. bisherigen Theorie von d. Gemeinschaft d. Güter unter Eheleuten, als besonders nach Osnabrückischem Stadtrecht. Osnabrück 1791, Abschn. V, § 8.

von den Bürgern selbst gewählten Rechts. Diese Wahl trafen in den lübischen Städten die bürgerlichen Gründer (Besetzer) der Stadt. Diese wieder waren meist Lübecker Bürger oder Bürger einer näher gelegenen lübischen Stadt, an welche dann die Neugründung häufig auch, wie ich vorgetragen habe, mit ihren Appellationen verwiesen wurde, wenn der Rechtszug an die Travestadt selbst zu weit war. So wurde, um ein Beispiel zu nennen, die deutsche Stadt Rügenwalde i. J. 1312 durch eine Besetzergesellschaft von fünf Kösliner Ratsverwandten gegründet; Köslin hatte seinen Rechtszug nach Kolberg, dieses aber wieder ursprünglich nach Greifswald, im 15. Jahrhundert direkt nach Lübeck.

Daß auch der Rat von Lübeck selbst hinter solchen Gründerkonsortien stehen konnte, ersehen wir aus einem Schreiben des Präzeptors (Heinrich von Wida) und der Gesamtheit der Brüder des Deutschen Hauses in Preußen v. J. 1242 [1] an Rat und Bürger von Lübeck, nach welchem sie von ihren die Stadt Lübeck besuchenden Brüdern und anderen Personen erfahren hätten, „in desiderio vestro esse, unam civitatem ... aptam portui navium marinarum fundare in Samlandia, ubi locum inveneritis competentem", und die Bedingungen einer solchen Gründung festsetzen. Aus dieser Samlandgründung mit geeignetem Hafen, die wohl an die Stelle der Stadt Königsberg hätte treten können, ist, wie wir wissen, nichts geworden; das Schreiben wirft aber ein helles Licht auf das Verfahren, das bei Stadtgründungen aus wilder Wurzel statthaben konnte. Im allgemeinen können wir eben feststellen, daß zwischen allen Städten lübischen Rechts lebhafte Familien- und Verwandtschaftsbeziehungen bestanden, und zwar, wie auch die Hausmarken der Rats- und Bürgerfamilien, ebenso wie die Namen, die Testamente usw. ausweisen, durch Jahrhunderte. Unmittelbar oder jedenfalls mittelbar sind wohl alle Städte lübischen Rechts von Lübeck aus, durch Lübecker Bürger, gegründet worden, und es war nur natürlich, daß sie ihr heimatliches, gewohntes und für ihren Handel so nützliches lübisches Recht in die neue Siedlung mitnahmen und sich ausbedangen. Auch die kleinen mecklenburgischen oder pommerschen Hinterstädtchen gab man praktisch unter dasselbe Recht, waren sie doch die Getreidelieferanten der Hafenstädte und die Abnehmer des über See einkommenden Gutes, vor allem des Herings und Stockfisches, aber natürlich auch der feineren Fernhandelswaren.

Damit ist aber auch schon eine Seite des eigenen Interesses Lübecks aufgezeigt, ein einheitliches Recht in möglichst vielen der um die Ostsee liegenden Städte zu schaffen; dem Handelsgebiet sollte, soweit möglich, auch das Gebiet

[1] LübUB I Nr. 98.

einheitlichen Rechts entsprechen. Den wendischen Fürsten oder sonstigen, zum Stadtherrn avancierten Grundherren aber war das durchaus nicht unangenehm, mochte doch mancher dieser agrarisch lebenden Grundbesitzer sogar im stillen hoffen, sein neu angelegtes Städtchen werde sich zu einer Geldquelle, ja möglicherweise zu einem zweiten Lübeck entwickeln.

Die andere Seite des Eigeninteresses Lübecks an der Bewidmung der Stadtgründungen war wohl politischer Natur. Die Reichsstadt konnte für ihre weitreichenden politischen Aktionen – hinter ihnen stand natürlich immer der Handel – nur an Stoßkraft gewinnen, wenn sie möglichst viele, ihr nicht nur durch Familienbeziehungen, sondern auch durch ein gleiches Recht verbundenen Städte hinter sich wußte. Sind auch einige von diesen, etwa Rostock oder Stralsund, später oftmals eigene Wege gegangen, so zeigte sich in Zeiten gemeinsamer Gefahr doch immer das Gefühl der Zusammengehörigkeit; selbst der Kampf um die Beibehaltung des lübischen Rechts und des Rechtszuges nach Lübeck, im 16. Jahrhundert, kann als Zeichen dieser Gesinnung gelten.

Dieses Imperium des Rechts, der Gerichtsbarkeit, des Handels und der Politik zu begründen und zu erhalten war für die Handelsherren an der Trave Grund genug, die Arbeit der Oberhoftätigkeit auf sich zu nehmen. Sie diente ja auch dazu, die Konformität des lübischen Rechts zu erhalten. Geld hingegen hat der Rat von Lübeck durch das Rechtszugwesen nicht verdient; Gerichtskosten hat es bei ihm niemals gegeben. Hier war es also anders als beim Magdeburger Schöffenstuhl, der, als eine Art Urteilseinkaufszentrum, seinen gewerbsmäßig tätigen Schöffen laufend gute Einnahmen lieferte. In Lübeck hatten höchstens die Advokaten, die Vorspraken, durch solche auswärtigen Sachen ihren Verdienst. Was hingegen die Anfertigung von Handschriften des lübischen Rechts angeht, so war dies eine Art Erwerbszweig der Lübecker Klöster, vor allem des Burgklosters, dessen Mönche solche Rechtshandschriften auf Bestellung schrieben.

Über das Verfahren beim Rechtszug nach Lübeck Ausführungen zu machen, würde hier zu weit führen. Es war mündlich und unmittelbar, die Parteien oder ihre Prozeßbevollmächtigten aus Rostock, Stralsund usw. mußten persönlich nach Lübeck reisen und ihre Sache sowie das vom Rat ihrer Heimatstadt darin ergangene Urteil mündlich vortragen. Eine Ausnahme machte der Rat von Lübeck nur für die Stadt Reval, der er wegen der großen Entfernung mehrfach widerruflich gestattet hat, das gescholtene Urteil – in zweifacher Ausfertigung, auf zwei verschiedenen Schiffen, auf Pergament geschrieben („wanne papir vorgengklich is") – schriftlich nach Lübeck zur Überprüfung zu senden. Die Lübecker Antwort erging dann ebenfalls schriftlich. Aus dieser Mündlichkeit des Verfahrens erklärt sich auch, daß wir Lübecker Urteilsbriefe nur aus Reval besitzen. Unsere Kenntnis der zahllosen anderen verdanken wir hingegen dem Umstand, daß der Lübecker Urteilsspruch auf Geheiß des Rats (iussu consulum) im Lübecker Niederstadtbuch protokollarisch festgehalten wurde. Erst um das Jahr 1500 begann das schriftliche Verfahren auch gegenüber den innerdeutschen Städten lübischen Rechts um sich zu greifen; der Rat von Lübeck weigerte sich allerdings noch lange, diese neue Mode mitzumachen.

Im übrigen darf ich denjenigen, der sich für das prozeßrechtsgeschichtlich gewiß nicht uninteressante lübische Rechtszugverfahren des näheren interessiert, darauf hinweisen, daß ich im diesjährigen Bande der Hansischen Geschichtsblätter (85. Jahrgang) einen größeren Aufsatz über den „Rechtszug nach Lübeck" habe erscheinen lassen.

Professor Dr. phil. habil. Heinrich Lausberg: Ich möchte einige Beobachtungen anfügen, die – dem konkreten Gegenstand gegenüber – ‚von außen' kommen:

a) Der Anspruch des Lübecker Rates, nicht zu irren, könnte als Anspielung an das Lübecker Fest der ‚Cathedra Petri' (das offensichtlich einem Kirchentitel entspricht) gemeint sein.

b) Wenn die juristische Wirklichkeit des *Vertrages* zwischen einem Landesherren und einer freien Bürgerschaft terminologisch als ein vom Landesherrn gewährtes ‚privilegium' (und in dem zitierten analogen Bereich als ‚edictum') ausgegeben wird, wenn also dem tabu-artig konservativen Wortkörper sowohl eine nicht mehr ganz ernst gemeinte Erstbedeutung (‚wirkliches privilegium als vom Herrn gewährte Gunst') als auch eine der sozialen Wirklichkeit entsprechende, aber nicht offen zugegebene Zweitbedeutung (‚Vertrag zwischen Gleichberechtigten') entspricht, so haben wir ein häufiges Durchgangsstadium des ‚Bedeutungswandels' vor uns (wie etwa im Wort ‚Feder', das zunächst die aus einer Vogelfeder hergestellte Schreibfeder, sodann die aus Stahl hergestellte Schreibfeder bezeichnet). Es handelt sich um eine Art ‚Zwischenwelt', die die Kontinuität der Geschichte in den sich ändernden Situationen gewährleistet. Im Bereich der Text-Interpretation gehört ja z. B. auch die Allegorie hierher, die ein lebensfähiger Ausgleich zwischen ‚Unveränderlichkeit' und ‚Veränderlichkeit' sein will. – Im zitierten Fall ist der mit der Erstbedeutung ‚gewährte Gunst' gepaarte traditionelle (‚text-treue') Terminus ‚privilegium' geradezu eine das Selbstbewußtsein des Landesherrn schonende Allegorie für die pragmatisch wirkliche Bedeutung ‚Vertrag'. – Analoges kommt übrigens im byzantinischen Sprachgebrauch vor.

c) Die Frage der juristischen Kompetenz der Mutterstadt in ihren Kolonie-

Städten (in dem besprochenen Bereich der ‚Urteilsschelte') wäre auch für andere Kolonisationsräume (griechische Kolonien in Süditalien, römische Kolonien in den Provinzen; Apostelgeschichte 25,10) zu stellen.

Professor Dr. jur. Wilhelm Ebel: Die – von mir leider nicht vorgetragenen – Umstände sprechen wohl gegen eine Anspielung auf das Fest Cathedra Petri. Die Wendung von den consules Lubicenses, apud quos impossibilis est error, entstammt einem von der Stadt Elbing in ihrem Kampf um das Zugrecht nach Lübeck bestellten Rechtsgutachten Lübecker Kanoniker und des Notars Heinrich von Wittenborn aus den Jahren um 1300. Der Deutsche Orden hatte der Stadt Elbing zwar den Gebrauch des lübischen Rechts bewilligt, aber den Rechtszug nach Lübeck unter dem Vorwand, „ne pro sentenciis reprehensis longas vias ad correctionem ipsarum facere compellantur", versagt und den Elbinger Hauskomtur zur oberen Instanz erklärt. Hiergegen gingen die Elbinger ein Jahrhundert lang (von der Bewidmung i. J. 1246 bis zur Gewährung des Rechtszuges i. J. 1343/56), schließlich mit Erfolg, an, und das Gutachten führte in ihrem Sinne aus: die Bewidmung mit lübischem Recht enthalte immer den Rechtszug an die „consules Lub., qui ... auctoritatem habent condendi, addendi, minuendi, corrigendi, mutandi iura municipalia. Quid enim si aliquis novus casus emergeret, qui non esset dictorum consulum iuribus innodatus? Quid fieret si fratres hoc statuerent vel iudicarent aliter quam consules Lub. iudicassent vel statuissent? Apud consules vero Lub., qui iura sua mutandi, corrigendi, condendi potestatem habent, impossibilis est error". Das mit Zitaten aus dem kanonischen und römischen Recht gespickte Gutachten ist eines der ältesten überlieferten Juristenkonsilien auf deutschem Boden überhaupt.

Herr Kollege *Lausberg* hat der „allegorischen" Verwendung rechtsbegrifflicher „Tarnformen" (wie ich sie in meiner kleinen „Geschichte der deutschen Gesetzgebung" genannt habe) eine weitergespannte und vertiefte Deutung gegeben, für die ich ihm nur meinen Dank sagen kann. Zu seinem Hinweis auf die griechischen und römischen Stadtkolonien vermag ich aus Eigenem nichts zu sagen; das übersteigt mein Präsenzwissen.

Professor Dr. jur. Gerhard Kegel: Könnte das mit der Vorstellung zusammenhängen, daß die Richter nicht das Recht entwickeln, sondern, was man für das englische Recht weitgehend annimmt, daß sie einfach das Recht, so wie es ist, finden und daß daher ein Irrtum nicht möglich ist?

Professor Dr. jur. Wilhelm Ebel: Wenn Sie, Herr Kollege *Kegel,* unter „das Recht entwickeln" das Recht „von vorgegebenen Ordnungen ableiten" verstehen und das „error impossibilis est" auf die unreflektierte Rechtfindung beziehen, kann ich Ihnen nur zustimmen. Ihr Hinweis auf das englische Recht ist überdies insofern interessant, als ich im Laufe meiner jahrzehntelangen Beschäftigung mit dem lübischen Recht immer wieder auf ähnliche Strukturen zwischen den beiden Rechtsgebieten gestoßen bin. Das geht sogar so weit, daß die Formen der Advokatur sich ähneln. Wie man in England den Barrister und den Sollicitor unterscheidet, gab es auch in Lübeck bis ins späte 18. Jahrhundert hinein zwei Arten von Advokaten: die vier (später sechs) amtlich zugelassenen Prokuratoren oder Vorspraken (im Volksmund, weil sie vor dem als „lübischer Block" bezeichneten Gerichtstisch agierten, auch „Blockbeißer" genannt) und die Mandatare, sollicitatores (auf Deutsch „plagers" genannt) oder Advokaten in beliebiger Zahl. Die ersteren traten vor Gericht auf, waren an der Rechtfindung beteiligt [1] und waren in Kriminalsachen auch als öffentliche Ankläger tätig; die letzteren besorgten den Verkehr mit den Parteien, die Beweisbeschaffung, schrieben die Schriftsätze usw. Die Prokuratoren waren hochangesehen, die Plagers weniger.

Bei der lübischen Rechtfindung müssen wir berücksichtigen, daß sie nicht durch studierte, an verwissenschaftlichten Rechtsvorstellungen, Kategorien und Begriffen geschulte Rechtsgelehrte, sondern durch Kaufleute geschah. Erst seit dem 17. Jahrhundert wird der Ratssyndikus an der schriftlichen Ausarbeitung des vom Rat – nach Vortrag – gefundenen Urteils beteiligt. Diese durch die mittelalterlichen Jahrhunderte fortlebende Kontinuität der Lübecker Rechtfindung zur Blütezeit des lübischen Rechts ist ein einmaliges Phänomen in der Rechtsgeschichte. In den Lübecker Ratsurteilen heißt es einfach, das sei so oder so zu entscheiden, der Beklagte habe sich von der Schuld freizuschwören – ein Entlastungseid komme nicht in Betracht, weil es sich um eine (etwa im Stadtbuch) anerkannte Schuld handle – der Frachtführer hafte für den Verlust des Frachtgutes nicht, weil er bei der Gelegenheit (Raubüberfall, Schiffbruch usw.) selber eigenes Gut eingebüßt habe, oder ähnlich.

Professor Dr. jur. Gerhard Kegel: Es wurde also dem Spruch eine Begründung gegeben?

Professor Dr. jur. Wilhelm Ebel: Häufig, aber keineswegs immer. Oftmals heißt es z. B. in einem Erbrechtsstreit nur: „De Ersame Radt tho Lubeke hebben ... affseggen laten: Dat vader zuster neger is erve to borende dan moder vulle zuster dochter kinder" – wobei es uns schon alle Achtung davor

[1] Vgl. hierzu *W. Ebel,* Die lübische Rechtfindung, in: Städtewesen und Bürgertum als geschichtliche Kräfte, Gedächtnisschrift f. *Fritz Rörig,* Lübeck 1953, S. 297 ff.

abfordert, wie die Lübecker Ratsherren sich das komplizierte Verwandtschaftsbild so ohne Hilfe vorstellen konnten. Neben diesen fast normativen Aussprüchen gibt es aber mindestens ebenso viele, bei denen der Urteilsspruch mit einem kausalen „Nachdem" beginnt, etwa: „Nademe de ergemelte Geseke eyne kopfrouwe is, so moth se to den schulden mede antworden", oder: „Na deme id aver sehe und sand were, so mochte Clawes syn bewijs ... bynnen jaer und dage vorbringen". Häufig wird auch, da der Rat von Lübeck in Appellationssachen keine Beweise erhob, die Beweislichkeit zur Voraussetzung gemacht: „Kan Laurens bewisen so recht is, dat ome dat gudt vorpandet sij, eer der frouwen brutschat in der guder quam, so mach he sijck an syn pandt holden" usw.

Professor Dr. jur. Gerhard Kegel: Aber man hat nicht einfach gesagt: Das ist so. Man hat sicher gesagt: Wir haben schon so und so entschieden. Auch Präzedenzien werden bezogen?

Professor Dr. jur. Wilhelm Ebel: Der Rat von Lübeck bezieht sich in seinen Rechtsprüchen niemals auf eine fremde Autorität, weder auf Doktores und sonstige Literatur noch auf das Corpus Juris, auch nicht in späterer Zeit. Auf das geschriebene lübische Recht wird, unter Anführung des betreffenden Artikels, nur ganz selten – im allgemeinen erst auf das gedruckte Revidierte Stadtrecht von 1586 – Bezug genommen. Gelegentlich, aber doch nur selten, findet sich die Wendung, der Rat habe in dieser Frage schon früher so entschieden; „Alse de Rad gedelet hebben, so delet se noch". Oft dagegen findet sich die allgemeine Wendung, etwas sei „nach lübischem Recht" so oder so – eine, wenn auch schwache Verweisung auf bestehende Praxis.

Professor Dr. phil. Theodor Schieder: Ich möchte auf die Frage zurückkommen, die Sie im Eingang Ihres Vortrages berührt haben, nämlich die Frage, wieweit eigentlich die Tatsache, daß Rechtsfamilien in dem von Ihnen geschilderten Sinne existieren, nicht auch eine Form eines politischen Einflusses sein kann. Es ist ja nicht zufällig, daß sich die Souveräne in dem Augenblick, in dem sich der Souveränitätsbegriff immer kräftiger entwickelt, gegen einen Rechtszug an ein Obergericht außerhalb des Souveränitätsgebietes stellen. Das hat zuerst der Deutsche Orden mit Nachdruck getan, weil sich dort schon eine starke Staatlichkeit in einem moderneren Sinne entwickelt hatte. Das Beispiel Elbing, das Sie nannten, ist hierfür sehr interessant. Später hat diese Frage eine ganz eigentümliche Wendung genommen. In dem Augenblick, in dem Elbing polnisch wird nach dem Thorner Frieden von 1466, wird die Erhaltung des lübischen Rechtszusammenhanges ein

Bestandteil der Bewahrung der kommunalen Autonomie. Jetzt hat sich der polnische König sehr nachdrücklich gegen diese Verbindungen der westpreußischen Städte zu einem Gebiet außerhalb gewandt.

Es wäre nun meine Frage, wie weit man überhaupt nach dem Ende der großen Zeit von Lübeck, also seit der Mitte des 17. Jahrhunderts, von einem stärkeren Zurückdrängen der lübischen Rechtszusammenhänge durch die sich entwickelnde Macht der territorialen Flächenstaaten sprechen kann. Das gilt an sich für das ganze Baltikum, worauf Sie vorhin schon hinwiesen, so vor allem für Reval im 17. Jahrhundert, das sich, nachdem es schwedisch geworden war, nicht mehr nach Lübeck wenden kann. Es wird wohl mit den anderen livländischen Städten ähnlich gewesen sein, die ja zum großen Teil polnisch geworden waren. Schließlich war es im Zusammenhang mit der Ausbildung des brandenburg-preußischen Staates sicherlich auch für Königsberg schwierig, außerhalb des Souveränitätsbereichs noch solche rechtlichen Zusammenhänge zu wahren.

Dann habe ich noch eine ganz spezielle Frage, die sich auf Wisby bezieht. Sie sprachen davon, daß sich in der Stadt Wisby eine Art von Integration der beiden Zungen in der neuen Bürgergemeinde vollzogen habe. Aber das Entscheidende war doch eigentlich, daß die gotländische Bauernschaft insgesamt gegen die Stadt Wisby stand. Deshalb war Wisby auch gegen die Insel befestigt, weil es sich vor allem gegen die gotländischen Bauern verteidigen mußte. Es ist also so, daß die Stadt selbst in ihrer Struktur sich gegen das übrige Gotland abschloß und man nur im begrenzten Umfang davon sprechen kann, daß sich in ihr eine Integration der gotländischen Bevölkerung mit der zugewanderten deutschen vollzogen hat.

Professor Dr. jur. Wilhelm Ebel: Herrn Kollegen *Schieder* kann ich nur für seinen Hinweis auf die Einstellung der polnischen Könige zur städtischen Autonomie Elbings und zum Rechtszugwesen danken; ich hatte mich bisher nur mit der Haltung des Deutschen Ordens befaßt.

Herr Kollege *Schieder* hat natürlich recht damit, daß die negative Haltung der auf Abrundung ihrer Souveränität bedachten Landesherren seit dem 16. Jahrhundert eine allgemeine Erscheinung ist. Daß ich nur Holstein und Mecklenburg nannte, geschah bloß des Beispiels wegen. Der brandenburg-preußische Staat drängte noch energischer auf die Ausschaltung fremder Oberhöfe und überhaupt jeder Einmischung fremder Instanzen in seine Gerichtshoheit. Friedrich d. Gr. verbot ja auch i. J. 1746 für alle seine Länder, Juristische Fakultäten als Spruchkollegien zu bemühen und bei ihnen Konsilien oder Responsen einzuholen.

Was Wisby angeht, so war es natürlich nur gegen das Land durch seine ungeheuren Mauern geschützt. Ob dies in erster Linie eine Abschirmung gegen die Bauern Gotlands bedeutet, weiß ich nicht. Zu bedenken ist auch, daß die Stadt einen Angriff von See her unmittelbar in ihren offenen Hafen unter den damaligen Seekriegstechniken – ohne Kanonen – ja kaum zu befürchten hatte, wohl aber damit rechnen mußte, daß der von See her kommende Feind an anderer Stelle der Insel landete.

Professor Dr. jur. Hermann Conrad: Ich möchte noch einmal auf das Problem des kölnischen Rechts zurückkommen. Ich danke Ihnen sehr, daß Sie deutlich gesagt haben, daß Sie eine unmittelbare Beziehung zwischen Köln und Lübeck nicht annehmen. Ich habe es nur als Frage gestellt und mich nicht zum Sprachrohr dieser Meinung gemacht. Außerdem sind über 30 Jahre vergangen, und die Forschung ist weitergegangen. Aber ich möchte doch offenlassen, ob nicht das Grundbuchsystem von Köln weitergetragen wurde. Es gibt ein sehr interessantes Grundbuch, das wenig bekannt ist, nämlich in Andernach am Rhein. Andernach war ein Reichshof, der 1167 dem Kölner Erzbischof Rainald von Dassel von Friedrich Barbarossa geschenkt wurde. Das Andernacher Grundbuch, der sogenannte Rotulus, zeigt eine Ähnlichkeit mit dem kölnischen Grundbuchsystem (Schreinsbücher). Er enthält Eintragungen aus den Jahren 1173 bis 1256 und steht offenbar unter dem Einfluß der Kölner Einrichtung [1]. Eine Möglichkeit der Ausstrahlung lag demnach vor. Es ist natürlich etwas ganz anderes, ob eine solche Ausstrahlung nach Lübeck oder nach Andernach erfolgte, zumal Andernach eine kölnische Stadt war.

Eine andere Frage, die mich auch interessiert, ist folgende. In den letzten dreißig Jahren ist die Diskussion um die Entstehung der Stadt wieder sehr in den Mittelpunkt gerückt worden. Hier ist das Problem der Entstehung der freien Stadtgemeinde erneut diskutiert worden. Sie haben *Luise von Winterfeld* und *Fritz Rörig* angeführt, die sich an dieser Auseinandersetzung beteiligt haben. Ich glaube, man kann doch von diesem ganzen Streit etwas herausschälen, daß nämlich die deutsche Stadt durch den Zusammenschluß der Bürger der Stadt selbst entstanden ist. Die Bürger haben die Schicksale der Stadt in die Hand genommen und ein eigenes Stadtrecht gegründet. Es ist doch wohl die Planitzsche These richtig, daß mit dem Ausgang dieser städtischen Freiheitsbewegung vom niederfränkischen Raum Köln eine große Rolle gespielt hat. Bekanntlich führt die Kölner Königschronik (Chronica

[1] Hierzu *Hermann Conrad,* Liegenschaftsübereignung und Grundbucheintragung in Köln während des Mittelalters. Ein Beitrag zur Geschichte des deutschen Grundbuchs (Forschungen z. Dt. Recht I. 3), Weimar 1935, S. 54 ff.

Regia Coloniensis) zum Jahre 1112 an: „Coniuratio Coloniae facta est pro libertate". Mit Recht hat die Forschung dieser Notiz große Bedeutung beigemessen.

Nun wäre meine Frage: Wenn der Rat von Lübeck 1158 von Heinrich dem Löwen gegründet worden ist und mit Freiheiten, die es bis dahin nicht gegeben hat, ausgestattet wurde, dann könnte man doch eine Beeinflussung von diesem niederfränkischen Stadtrecht mit Köln als Mittlerin annehmen, auch ohne daß man eine Rezeption oder eine Bewidmung mit kölnischem Recht annimmt. Wir haben eine ähnliche Entwicklung in der Gründung von Freiburg im Breisgau, wo der Herzog von Zähringen den Bürgern bei der Gründung kölnisches Recht verliehen hat [2]. Ich möchte, obwohl Sie eine unmittelbare Beziehung des Stadtrechtes von Köln nach Lübeck abstreiten, doch immerhin die Möglichkeit offenhalten, daß die Vorbilder der freien Stadtverfassung, die hier am Rhein ausgebildet worden sind, auf das übrige Deutschland vor allem auch auf die Gründung von Lübeck eingewirkt haben. Von da aus ist das freie Recht, wie Sie es dargestellt haben, nach Osten gewandert.

Professor Dr. jur. Wilhelm Ebel: Noch einmal das Kölner Grundbuchwesen: Daß der Andernacher Rotulus den kölnischen Schreinsbüchern nachgebildet ist, hat auch für mich keinen Zweifel, und es ist wohl wahrscheinlich, wenn auch heute nicht mehr nachweisbar, daß die Kölner Einrichtung in anderen Städten des eigentlichen Kölner Rechtsbereichs ebenfalls Nachahmung gefunden haben mag. Im ganzen wird man auch in Rechnung setzen dürfen, daß die im 12. oder – weiter im Osten – im 13. Jahrhundert für vielerlei Rechtsgeschäfte einsetzende Schriftlichkeit des Verkehrs auch die Grundstücksgeschäfte erfassen mußte, an jedem Ort jeweils der in dieser Hinsicht gegebenen Verfassung gemäß.

In vollem Umfange stimme ich den Ausführungen des Herrn Kollegen *Conrad* über die beispielgebende Wirkung der im Rheingebiet entwickelten oder erkämpften Bürgerfreiheitsprinzipien zu, die dargestellt zu haben *Hans Planitz'* bleibendes Verdienst im Bereich seiner stadtrechtsgeschichtlichen Arbeiten ist. Diese zuerst im niederfränkischen Raum bezeugten und fast gleichzeitig in der alten Rheinmetropole Köln für alle sichtbar gewordenen Bürgerfreiheiten – die Anerkennung der Autonomie (Kore) durch den Stadtherrn und seine Gerichte, der Satz „Stadtluft macht frei", die Ab-

[2] Vgl. *Heinrich Büttner*, Freiburg und das Kölner Recht, Zeitschrift Schau-ins-Land 72, 1954, S. 7 ff.; *Hansjürgen Knoche*, Ulrich Zasius und das Freiburger Stadtrecht von 1520 (Freiburger Rechts- und Staatswissenschaftliche Abhandlungen 10), Karlruhe 1957, S. 7 und FN. 24.

lehnung des gerichtlichen Zweikampfes für Bürger usw. – haben der Entstehung echten Stadtrechts in ganz Deutschland erst zum Durchbruch verholfen und die klassische Zeit des bürgerlichen Gemeinwesens herbeigeführt. Diese ihm wohlbekannten Prinzipien hat Heinrich d. Löwe bei der Gründung seines „Tores zur Ostsee" sehr wohl berücksichtigt und der Stadt Lübeck sozusagen gebündelt im sogen. Heinrichsprivileg (von etwa 1163) zum Patengeschenk gemacht. Das zu bezweifeln ist auch mir niemals in den Sinn gekommen. Ich freue mich, daß Herr Kollege *Conrad* zum Schluß der Diskussion noch einmal auf diese allgemeinen stadtrechtlichen Freiheitsprinzipien zurückgekommen ist und sie vom Stadtrecht i. e. S. abgesetzt hat, von dem zunächst allein die Rede war, und das im allgemeinen in erster Linie gemeint ist, wenn von der Übertragung des Kölner Stadtrechts auf Lübeck – über Soest – gesprochen wird.

VERÖFFENTLICHUNGEN DER ARBEITSGEMEINSCHAFT FÜR FORSCHUNG DES LANDES NORDRHEIN-WESTFALEN

Neuerscheinungen 1965 bis 1967

AGF-G Heft Nr.		GEISTESWISSENSCHAFTEN
101	*Ivor Jennings†, Cambridge (England)*	Die Umwandlung von Geschichte in Gesetz
120	*Eleanor von Erdberg-Consten, Aachen*	Kunst und Religion in Indien, China und Japan
122	*Franz Wieacker, Göttingen*	Zum heutigen Stand der Naturrechtsdiskussion
123	*Bernhard Kötting, Münster*	Der frühchristliche Reliquienkult und die Bestattung im Kirchengebäude
124	*Günther Stökl, Köln*	Das Bild des Abendlandes in den altrussischen Chroniken
125	*Joseph Höffner, Münster*	Selbstverständnis und Perspektiven des Zweiten Vatikanischen Konzils
126	*Jost Trier, Münster*	Wortgeschichten aus alten Gemeinden
127	*Herbert Dieckmann, Cambridge (USA)*	Die künstlerische Form des Rêve de D'Alembert
128	*Hans Welzel, Bonn*	An den Grenzen des Rechts. Die Frage nach der Rechtsgeltung
129	*Paul Mikat, Düsseldorf*	Das Verhältnis von Kirche und Staat im Lande Nordrhein-Westfalen in Geschichte und Gegenwart
130	*Ernst Langlotz, Bonn*	Die kulturelle und künstlerische Hellenisierung der Küsten des Mittelmeers durch die Stadt Phokaia
131	*Harry Westermann, Münster*	Das Verhältnis zwischen Bergbau und öffentlichen Verkehrsanstalten als Gegenstand richterlicher und gesetzgeberischer Bewertung
132	*Werner Schulemann, Bonn*	Die Kunst Zentralasiens als Ausdrucksform religiösen Denkens
	Walther Heissig, Bonn	Tibet und die Mongolei als literarische Provinzen
133	*Tilemann Grimm, Bochum*	China und Südostasien in Geschichte und Gegenwart
134	*Peter Berghaus und Karl Schneider, Münster*	Anglo-friesische Runensolidi im Lichte des Neufundes von Schweindorf (Ostfriesland)
135	*Benno von Wiese, Bonn*	Goethe und Schiller im wechselseitigen Vor-Urteil
136	*Gotthard Günther, University of Illinois (USA)*	Logik, Zeit, Emanation und Evolution
137	*Karl Heinrich Rengstorf, Münster*	Die Re-Investitur des Verlorenen Sohnes in der Gleichniserzählung Jesu Luk. 15, 11-32
138	*Gerhard Gloege, Bonn*	Die Todesstrafe als theologisches Problem
139	*Joseph Ratzinger, Tübingen*	Das Problem der Dogmengeschichte in der Sicht der katholischen Theologie
140	*Herbert von Einem, Bonn*	Masaccios „Zinsgroschen"
141	*Karl Gustav Fellerer, Köln*	Klang und Struktur in der abendländischen Musik
142	*Joh. Leo Weisgerber, Bonn*	Die Sprachgemeinschaft als Gegenstand sprachwissenschaftlicher Forschung
143	*Wilhelm Ebel, Göttingen*	Lübisches Recht im Ostseeraum

AGF-WA Band Nr.		WISSENSCHAFTLICHE ABHANDLUNGEN
1	*Wolfgang Priester, Hans-Gerhard Bennewitz und Peter Lengrüßer, Bonn*	Radiobeobachtungen des ersten künstlichen Erdsatelliten
2	*Joh. Leo Weisgerber, Bonn*	Verschiebungen in der sprachlichen Einschätzung von Menschen und Sachen
3	*Erich Meuthen, Marburg*	Die letzten Jahre des Nikolaus von Kues
4	*Hans-Georg Kirchhoff, Rommerskirchen*	Die staatliche Sozialpolitik im Ruhrbergbau 1871–1914
5	*Günther Jachmann, Köln*	Der homerische Schiffskatalog und die Ilias
6	*Peter Hartmann, Münster*	Das Wort als Name (Struktur, Konstitution und Leistung der benennenden Bestimmung)
7	*Anton Moortgat, Berlin*	Archäologische Forschungen der Max-Freiherr-von-Oppenheim-Stiftung im nördlichen Mesopotamien 1956
8	*Wolfgang Priester und Gerhard Hergenhahn, Bonn*	Bahnbestimmung von Erdsatelliten aus Doppler-Effekt-Messungen
9	*Harry Westermann, Münster*	Welche gesetzlichen Maßnahmen zur Luftreinhaltung und zur Verbesserung des Nachbarrechts sind erforderlich?
10	*Hermann Conrad und Gerd Kleinheyer, Bonn*	Vorträge über Recht und Staat von Carl Gottlieb Svarez (1746–1798)
11	*Georg Schreiber†, Münster*	Die Wochentage im Erlebnis der Ostkirche und des christlichen Abendlandes
12	*Günther Bandmann, Bonn*	Melancholie und Musik. Ikonographische Studien
13	*Wilhelm Goerdt, Münster*	Fragen der Philosophie. Ein Materialbeitrag zur Erforschung der Sowjetphilosophie im Spiegel der Zeitschrift „Voprosy Filosofii" 1947–1956
14	*Anton Moortgat, Berlin*	Tell Chuēra in Nordost-Syrien. Vorläufiger Bericht über die Grabung 1958
15	*Gerd Dicke, Krefeld*	Der Identitätsgedanke bei Feuerbach und Marx
16a	*Helmut Gipper, Bonn, und Hans Schwarz, Münster*	Bibliographisches Handbuch zur Sprachinhaltsforschung, Teil I, Schrifttum zur Sprachinhaltsforschung in alphabetischer Folge nach Verfassern – mit Besprechungen und Inhaltshinweisen (Erscheint in Lieferungen: bisher Bd. I, Lfg. 1–7; Lfg. 8 und 9)
17	*Thea Buyken, Bonn*	Das römische Recht in den Constitutionen von Melfi
18	*Lee E. Farr, Brookhaven, Hugo Wilhelm Knipping, Köln, und William H. Lewis, New York*	Nuklearmedizin in der Klinik. Symposion in Köln und Jülich unter besonderer Berücksichtigung der Krebs- und Kreislaufkrankheiten
19	*Hans Schwippert, Düsseldorf, Volker Aschoff, Aachen, u. a.*	Das Karl-Arnold-Haus. Haus der Wissenschaften der Arbeitsgemeinschaft für Forschung des Landes Nordrhein-Westfalen in Düsseldorf. Planungs- und Bauberichte (Herausgegeben von Leo Brandt, Düsseldorf)
20	*Theodor Schieder, Köln*	Das deutsche Kaiserreich von 1871 als Nationalstaat
21	*Georg Schreiber†, Münster*	Der Bergbau in Geschichte, Ethos und Sakralkultur
22	*Max Braubach, Bonn*	Die Geheimdiplomatie des Prinzen Eugen von Savoyen
23	*Walter F. Schirmer, Bonn, und Ulrich Broich, Göttingen*	Studien zum literarischen Patronat im England des 12. Jahrhunderts
24	*Anton Moortgat, Berlin*	Tell Chuēra in Nordost-Syrien. Vorläufiger Bericht über die dritte Grabungskampagne 1960
25	*Margarete Newels, Bonn*	Poetica de Aristoteles traducida de latin. Ilustrada y comentada por Juan Pablo Martir Rizo (erste kritische Ausgabe des spanischen Textes)
26	*Vilho Niitemaa, Turku, Pentti Renvall, Helsinki, Erich Kunze, Helsinki, und Oscar Nikula, Åbo*	Finnland – gestern und heute

27	*Ahasver von Brandt, Heidelberg, Paul Johansen, Hamburg, Hans van Werveke, Gent, Kjell Kumlien, Stockholm, Hermann Kellenbenz, Köln*	Die Deutsche Hanse als Mittler zwischen Ost und West
28	*Hermann Conrad, Gerd Kleinheyer, Thea Buyken und Martin Herold, Bonn*	Recht und Verfassung des Reiches in der Zeit Maria Theresias. Die Vorträge zum Unterricht des Erzherzogs Joseph im Natur- und Völkerrecht sowie im Deutschen Staats- und Lehnrecht
29	*Erich Dinkler, Heidelberg*	Das Apsismosaik von S. Apollinare in Classe
30	*Walther Hubatsch, Bonn, Bernhard Stasiewski, Bonn, Reinhard Wittram, Göttingen, Ludwig Petry, Mainz, und Erich Keyser, Marburg (Lahn)*	Deutsche Universitäten und Hochschulen im Osten
31	*Anton Moortgat, Berlin*	Tell Chuera in Nordost-Syrien. Bericht über die vierte Grabungskampagne 1963
32	*Albrecht Dihle, Köln*	Umstrittene Daten. Untersuchungen zum Auftreten der Griechen am Roten Meer
33	*Heinrich Behnke und Klaus Kopfermann (Hsgb.), Münster*	Festschrift zur Gedächtnisfeier für Karl Weierstraß 1815–1965
35	*Otto Sandrock, Bonn*	Zur ergänzenden Vertragsauslegung im materiellen und internationalen Schuldvertragsrecht. Methodologische Untersuchungen zur Rechtsquellenlehre im Schuldvertragsrecht
36	*Iselin Gundermann, Bonn*	Untersuchungen zum Gebetbüchlein der Herzogin Dorothea von Preußen
37	*Ulrich Eisenhardt, Bonn*	Die weltliche Gerichtsbarkeit der Offizialate in Köln, Bonn und Werl im 18. Jahrhundert
38	*Max Braubach, Bonn*	Bonner Professoren und Studenten in den Revolutionsjahren 1848/49

Sonderreihe
PAPYROLOGICA COLONIENSIA

Vol. I *Aloys Kehl, Köln*	Der Psalmenkommentar von Tura, Quaternio IX (Pap. Colon. Theol. 1)
Vol. III *Stephanie West, Oxford*	The Ptolemaic Papyri of Homer

SONDERVERÖFFENTLICHUNGEN

Herausgeber: Der Ministerpräsident des Landes Nordrhein-Westfalen – Landesamt für Forschung –	Jahrbuch 1963, 1964, 1965 und 1966 des Landesamtes für Forschung

Verzeichnisse sämtlicher Veröffentlichungen der Arbeitsgemeinschaft für Forschung des Landes Nordrhein-Westfalen können beim Westdeutschen Verlag, 567 Opladen, Ophovener Str. 1-3, angefordert werden.

GPSR Compliance

The European Union's (EU) General Product Safety Regulation (GPSR) is a set of rules that requires consumer products to be safe and our obligations to ensure this.

If you have any concerns about our products, you can contact us on ProductSafety@springernature.com

In case Publisher is established outside the EU, the EU authorized representative is:

Springer Nature Customer Service Center GmbH
Europaplatz 3
69115 Heidelberg, Germany

Batch number: 10809636

Printed by Printforce, the Netherlands